上海地方志外文文献丛书

外侨回忆录系列

· · ·

上海通志馆.................编

有办法

孟威廉的中国回忆

（1938—1966）

Ulrike Unschuld

[德] 文淑德 著

吕澍 译

生活·讀書·新知 三联书店

图书在版编目（CIP）数据

有办法：孟威廉的中国回忆：1938—1966/（德）文淑德（Ulrike Unschuld）著；吕澍译. —北京：生活·读书·新知三联书店，2023.3

（上海地方志外文文献丛书. 外侨回忆录系列）

ISBN 978 - 7 - 108 - 07558 - 1

Ⅰ. ①有… Ⅱ. ①文…②吕… Ⅲ. ①中国历史-近代史②中国历史-现代史 Ⅳ. ①K25

中国版本图书馆 CIP 数据核字（2022）第 231036 号

责任编辑	韩瑞华
封面设计	储　平
责任印制	洪江龙

出版发行　生活·讀書·新知 三联书店
　　　　　（北京市东城区美术馆东街 22 号）

邮　　编	100010
印　　刷	江苏苏中印刷有限公司
版　　次	2023 年 3 月第 1 版
	2023 年 3 月第 1 次印刷
开　　本	880 毫米×1230 毫米　1/32　印张　7.875
字　　数	170 千字
定　　价	38.00 元

总　序

　　鸦片战争至 1949 年新中国成立之前的一百多年间，曾经有数量相当可观的来自世界各地的外国人生活在中国。据研究，仅上海一地，数量最多时达 15 万人，国籍达 58 个。他们的身份有的是商人、传教士、医生、律师、会计师、教师、记者、职员以及小店主、港口的引水员等等。此处统称为"外侨"。

　　外侨在中国的生活和经历也各种各样。在近代中国，外侨是一个复杂的、多面的存在。一方面，他们多来自欧美国家，居住在中国上海、天津、汉口等口岸城市的租界，享有治外法权。他们的存在使得近代中外关系更加复杂化，同中国人之间的摩擦、矛盾，往往导致严重的外交事件。但是在另一方面，对于近代中国历史发展而言，外侨又具有独特的地位，他们是近代中国诸多重大事件的亲历者或见证者，对近代中国口岸城市的现代化乃至于近代中国社会的变迁，发生过潜移默化的影响。可以说，他们本身即是中国近代历史的一个构成部分，或者说他们也参与了近代中国的历史进程。不仅如此，他们还同近代中国加入全球化的进程紧密相关，他们的存在，本身即是中国加入全球化的一个表现。因此，外侨是中国特定历史时期出现、具有特殊地位和影响的一个群体，值得研究者重视。

自 20 世纪 80 年代以来，学界已有一些与外侨相关的学术研究成果问世，相关的研究资料，如日记、回忆录等，也相继整理出版，如顾长声先生关于马礼逊、李提摩太等传教士的研究，高晞教授关于医学传教士德贞的研究，以及陈绛先生关于晚清时期长期担任中国海关税务司的赫德的研究，均为其中具代表性的成果。但是已有的这些研究主要集中在那些有重要影响的或者是著名的外侨，而普通的外侨似乎还未受到足够多的关注。特别是 1949 年前后，外侨相继离开中国，流散到世界各地，他们似乎也就此从中国历史中消失了。

但是离开中国的并未就此完全断绝与中国的联系。在离开中国之后，不少外侨相互之间还保持联系，在美国、德国、法国、澳大利亚建立联谊会之类的组织，不时聚会。这些外侨多有几十年在中国的生活经历，有的就出生在中国，他们对自己出生和长期生活的地方，有强烈的归属感。有的在耄耋之年，重返中国，故地重游。2017 年 4 月，部分尚健在的外侨就曾受邀来上海，参加上海社会科学院创新工程"城市史"研究团队主办的"近代中国口岸城市外文文献调查与研究"研讨会。会上，来自美国、加拿大和法国等国的外侨同与会学者分享了自己和家族的"中国故事"，还向与会学者提供了目前尚健在的部分外侨的相关信息。特别是在这次会上，作为会议主要召集者、时任上海社会科学院历史研究所研究员的本人获悉不少外侨在海外出版了自传或者回忆录，有的还留下了录音、录像等各种形式的口述资料，因此萌发了发掘近代外侨史料，并将其翻译、出版的想法。这就是"上海地方志外文文献丛书·外侨回忆录系列"的缘起。

"上海地方志外文文献丛书·外侨回忆录系列"收录已刊或未

刊的近代外侨的自传、回忆录和访谈（根据录音整理）等。这些作者有的是 19 世纪后期即来中国，有的是在 20 世纪初或二三十年代来中国，也有的外侨就出生在中国。他们都有长期的中国生活的经历，比一般的西方人更了解中国，但又拥有西方人的视角。因此，他们观察中国，自然具有另一种眼光。中国人习以为常的方面，他们往往会详加记载。他们对中国，对中国人、中国社会以及中国文化的各种观感与评论，可能常常比较直观，但往往具有旁观者的独到之处。因此，这套丛书具有其他中国近代史研究史料所不具备的独特价值。此外，无论是自传、回忆录，还是访谈，均为作者的亲身经历，故事性较强，具有可读性，因此本套丛书亦适合普通文史爱好者阅读。

王　敏

2020 年 7 月 27 日

译者序

上海曾经接纳了逃出希特勒魔爪的两万犹太难民，至今仍被人们津津乐道，孟威廉是其中之一。不同于绝大多数上海的犹太人的是，其他人1949年前后都离开了中国，孟威廉却在中国工作、生活了27年。

孟威廉在1938年底于意大利热那亚上船，走的是当年犹太人逃离欧洲的典型线路，从意大利起航经红海到印度洋，过马六甲海峡，经香港，于1939年初抵达上海。同年到贵阳图云关，参加了中国红十字会救护总队，加入了中国的反法西斯战争。从1949年6月初，他就开始作为化学家在中科院上海生化所工作，是新中国的抗生素、胰岛素研究的主要成员之一。直到1966年8月孟威廉才踏上回德国之程，此时距他到达上海已近28年。孟威廉回到社会主义的民主德国，在首都柏林的夏里特医院主持生化实验室，直至退休，其间几乎从不谈起他在中国的经历。这种情况在20世纪80年代末他与上海生化所老同事联系上后，才有了改变。后来，他也常参加一些柏林的聚会，由此认识了本书作者。

孟威廉的生平经历独一无二，几乎找不到雷同者。这样的履历可说是独特而丰富多彩，传奇却又平和温暖。

本书记录的就是孟威廉的口述回忆，作者是药物学家出身的汉学家文淑德（Ulrike Unschuld）女士。在 21 世纪初年柏林的一次聚会中，文淑德女士认识了孟威廉。在他辞世前的几年里，文女士为他做的口述史的访谈，成为《有办法》这本书的主干。

与一般口述史著作的不同在于，文女士不仅为口述内容做了翔实的注解，记述了 19 世纪到 20 世纪德国犹太人真实的生活处境，还对孟威廉在中国所经历的各阶段的历史（近代史、现代史）做了简明而准确的介绍。前者对中国读者很有帮助——既对德国犹太人的生活背景有了具体的概念，又一定程度上破除了中国人面对犹太民族时的神秘感。后者对不甚了解中国近现代历史的中国年轻读者也有助益。如此这般的夹叙夹议，本书可以算作一本特殊的口述史著作。

本书提供的视角是多方面的，常常让我们得以换一种眼光去回顾历史。

比如，关于德国的犹太人。

事实上，20 世纪初如同过去的几百上千年一样，欧洲对犹太人的敌视和歧视无时不在。18 世纪启蒙运动后，在哲学家、启蒙学家摩西·门德尔松（Moses Mendelssohn，音乐家门德尔松的祖父）的倡导下，犹太人主动接受西方传统，融入主流文化，涌现了很多文化名人，在各个行业都有顶尖人物。但进入文化精英阶层的犹太人，其实也多多少少脱离了犹太文化，至少是犹太教的氛围，而自认为是德国人，获得了很高的社会地位。比如爱因斯坦，早年就很少意识到自己是犹太人。此外，犹太人银行家、工厂主这些经济精英，社会地位自然也很高。犹太人在德国的公民权，也就是德国人的身份，是通过赎买方式逐渐获得的。比如，在曼海姆，直到 19 世纪 50、60 年代之前，犹太社区还从统治者手里买公民权。到了

20 世纪初，犹太人虽有一部分成为德国社会中的精英，但多数仍属普通手工业者、小商人群体，社会地位很低。德国乃至于欧洲整体上，对犹太人的偏见甚至鄙视，仍然极其显见，不因有犹太名流的存在而改变。本书作者也没有讳言一百多年前犹太人的真实生活状态：

> 医生和科学家们很久以来，到 19 世纪和 20 世纪初更为强调，且经过观察和众多研究，日益受到重视的说法是，犹太人中某些疾病出现的比例超出其他人群。（见本书第一章）

对犹太人而言，就是类似于被做出了"XX 病夫"的判断。歧视无处不在，但最终发展到希特勒纳粹主义对犹太人的肉体消灭，当年的犹太人是没有预料到的。

本书主人公孟威廉的父亲，作为有地位的精神病学家，在第一次世界大战中就为德国参战，表明其作为德国人的认同，同时也很疏远犹太教。因此，纳粹对犹太人的赶尽杀绝，令这些认同欧洲文明的犹太精英情何以堪！从这个角度看犹太人的受难历史，令我们对种族主义的危害，会有更强烈的警惕：那些不再信仰犹太教的"犹太人"，被纳粹归入血缘上的犹太种族而被执行灭绝。不以文化、经济归属而以血缘种族将人群分类，是非常可怕的原则。在 20 世纪 30 年代的德国，犹太精英很多已经陆续离开德国，比如爱因斯坦，在 1933 年希特勒上台后不久，就移民去了美国；门德尔松家族的银行家那一支也在放弃了自家银行（被并入德意志银行）后离开了德国……

回来看孟威廉。作为犹太人，他自幼在德国的上学经历，与大多数出身于知识分子家庭的犹太人没有什么不同。尽管父母从事的职业受人尊敬，收入不错，生活比较富裕，但是他从小就饱受周围人异样的眼光。在 20 世纪 30 年代末期的德国，犹太人日益感受到死亡威胁之时，逃离德国的可能性已经非常小了。除了富豪及社会地位高的精英，美国、英国、瑞士等国的签证是申请不到的。上海这个不需要签证、买得起船票就能去的地方，就成了普通犹太人最后的避难地。孟威廉的父亲在 1938 年 12 月，及时地为儿子安排了这条逃亡之路。

来到上海后，如果孟威廉泯然众人，那么他就会与其他欧洲来的犹太人一样，在上海谋求糊口度日，等待战争结束后，或是移民美国、澳大利亚等地，或是去新建的以色列，而不会认同并留在共产党建立的新中国。

来自德、奥的犹太人，也有参与中国抗日战争的。其中较为大家所知的，有牺牲在山东的政论家汉斯·希伯、被称为新四军神医的罗生特，以及一生在中国投入医药事业、与孟威廉乘坐同一班船到达上海的傅莱（可惜他们互相不认识），他们都在共产党阵营之中。孟威廉与他们不同，他参加抗战工作的单位是红十字会，隶属于中华民国政府，全称为中华民国红十字会，先后由内政部、军委会和行政院领导。

我们有必要了解一下中国的红十字会历史，及其在抗战中起的重要作用，这是往往为人所忽略的一段历史。

中国的红十字会，清末就有，是 1904 年在上海成立的万国红十字会，几年间就扩展到中国其他城市。其名称于 1910 年由清朝政府统一称为"大清红十字会"，这就是后来的中华民国红十字会的前身。到 1933 年，按南京国民政府《中华民国红十字会管理条例》，红十字会直接隶属于国民政府军医署，经费显然主要来源于政府财政。

抗战爆发后，著名的林可胜医生辞去了协和医院的职位，全身心投入抗战，担任红十字会救护委员会总干事和救护总队长，全面负责战地救护工作。这位毕业于英国的新加坡华侨林可胜医生，其实并不是红十字会会长，但以自己在医学界的声望吸引了许多医学专家来为红十字会工作，同时也动用各种社会关系，得到国外左派团体以及海外华侨的慷慨资助。

抗战初期，中国军队以简陋的装备对抗现代化的日本侵略军，士兵伤亡惨重。林可胜医生的救护总队在经历了长沙、祁阳各阶段的保卫战后，于1939年2月来到贵阳的图云关。除了建起了总队医院，林可胜还开办了抗战时期中国最大的医护人员培训基地——战时卫生人员训练总所。国共两党虽然阵线分明，但是红十字会显然有其特殊性，特别是贵阳图云关的红十字会救护总队。

抗战期间，红十字会的卫生人员训练总所，在极其艰困的条件下，为军队培养了近两万名基层医疗骨干，为抗战的胜利做出了重要的贡献。同时，林可胜的救护总队，不仅救护国民党的各支队伍，也对共产党的新四军和延安方面提供同样的帮助，可以说实践了抗日的统一战线。

有志于科学研究的孟威廉，也同情中国人民的抗日战争，在友人的带领下来到贵阳图云关。这是他作为化学家职业生涯的起步，也是他半生供职于中国的基础。可以说，红十字会有了孟威廉，得以在物资匮乏中为医院建起实验室；而孟威廉在图云关，学会了中国人的"有办法"信念，余生得以逢凶化吉。他不是医生，却以他擅长的实验室所需的专长，成为图云关不可或缺的人才，还得到了大学者李约瑟的认可和注意。

抗战时期，在图云关，有不少被称为西班牙医生的外国医生在那里工作。这些医生并非西班牙人，而是来自欧洲各国的信仰社会主义的左派医生，在参加了反法西斯的佛朗哥政权的西班牙内战后，被拘留在法国的居尔。当听说中国的抗日战争需要医生时，他们自愿来中国参加抗战。孟威廉常常被误认为是这些"西班牙医生"中的一员。这些医生如同白求恩一样，不远万里来到中国，与中国人民一起抗击日本法西斯，有的还献出了生命。

这些被孟威廉视为师友的医生们，多数是共产党员，对他在政治上有很重要的影响。红十字总会受到国民党内的混乱和贪污的影响，再加上美军参战后图云关也领教了美军的腐败，以至于红十字会得到的捐赠的医药品常常缺失。这使得孟威廉对国民党的观感很差，也促使他更为左倾。因此，那些年在图云关的工作，可以说是孟威廉至关重要的经历。

孟威廉本就是思想左倾者，在中国接触的也多是共产党阵营的同事和友人，这是他日后决定留在新中国的主要原因。此外，他在上海圣约翰大学的同学兼好友徐京华是很早就为共产党工作的老革命，这对于他在上海刚解放时就进入生化所工作，应该是有直接关联的。在新中国的历次政治运动中未曾受到任何冲击，是源于他参与了中国人民的抗日战争，哪怕他服务的单位隶属于国民政府。不过，林可胜领导的红十字会救护总队，在抗战中并未受国民党限制，尽可能为共产党所属的军队提供服务，也一直被共产党认可。孟威廉在历次政治运动中安然无恙，首先是基于其工作单位领导和同事们的友好善良；而他作为帮助中国抗战的有功人员这一政治身份，是决定性的。

在通过本书了解孟威廉经历的同时，我们也是在回顾这些国际战士和中国的友人，以及他们以图云关为中心的参与抗日的历史。希望这本特别的口述史带给读者另一种视角的历史故事。

另外，编辑上的一些说明：

1. 文中所用名字：外国人名，原则上尽量找到其曾用的中文对应名，实在查找不到，或根本没有用过中文名者，用其原本德文名字；原书里孟威廉的中国朋友的名字用的都是拼音，经多种办法查找，大部分都找到了原名，个别的无法找到者，保留了拼音。此外，一些外国人名的中译名，还参考了《英语姓名译名手册》。

2. 书中的地名查找不到相应的中文名的，采用了音译或谷歌地图中的译名，还参考了《外国地名译名手册》。

目 录

前言

    1998 年秋天，柏林，公交车停靠选帝侯大街站，我正下车，巧遇一个美国女友。她前些年在上海当外交官，我们是那时认识的。她急急忙忙问我想不想今晚参加一个"上海少年"聚会，是那些 1930 年代末跟着父母逃难到上海的人的聚谈。

    那天晚上我认识了孟威廉（Wilhelm Mann）——个子瘦小，脸上布满皱纹，眼睛却闪闪发亮。他微微低着头，弯着腰在仔细聆听，说话口音软软的，显然是曼海姆口音。孟威廉是这些"上海少年"里最老的那代人里仅存的在世者。

    我们开始了交谈，很投缘。此后的一年里我定期拜访孟威廉，他向我口述了他的回忆，我录了音。本书引文部分就是录音的内容。到 2012 年 9 月底他过世前，我们还不时见面或打电话。他把从中国写给家人的信件复印给了我。

    20 世纪里欧洲大陆接连两次遭受的苦难之巨大，史无前例，难以尽说。纳粹，以种族和政治原因杀害了几百万人。

    但是，我们记忆里不可描述的痛苦，不仅仅是生命的灭绝，还有无数人被驱逐，往往抛下财产，与亲人生离死别。驱逐并不是随着"二战"才开始，或者是"二战"的后果。早在 20 世纪 30 年代的德国，驱逐就已经开始，并出于政治意图故意让部分人民生存艰难。流亡就是 20 世纪的驱逐罪行带来的后果之一。

走上流亡之路，对大多数人来说，尽管死里逃生了，但被迫移民所造成的损失是无比沉重的压力。即使如此，还是有不少人在这种不得不向命运低头的环境中，抑或在流亡中，实现了人生计划和理想，不仅身体活着，精神也活着。人们可能首先想到那几个及时逃脱纳粹魔爪到了美国的例子，他们在美国作为科学家、艺术家或商人取得了成功。孟威廉也是这些德国流亡者中的一例，与许多其他来自欧洲中部的被纳粹迫害的人一起，朝着相反的方向逃往中国，生存了下来。但是，他却不满足于在异国他乡虚度光阴。孟威廉从中国回来时，带了很多东西：他在中国完成了大学化学学业；他爱中国，这个给予他避难所的国家，这种爱贯穿了他的后半生。

孟威廉在 1938 年离开德国，离了家人和朋友，中断了学业，远离了家乡。他做了这个决定，迈出了痛苦的一步，因为《纽伦堡种族法》的实行开始了对犹太人的屠杀，这让他无法生存。

孟威廉的家族已经在曼海姆定居好几代了。他父亲作为精神病科医生，开有诊所。第一次世界大战期间，他曾为德国而战。这个家庭是受人尊敬的，属于曼海姆的上层阶级。他们是犹太人，母亲的祖先中有好多个犹太教拉比。对孟威廉的父母来说，犹太教在生活中其实已经失去了意义。父亲献身于自然科学，特别喜欢物理。他竭尽其力教育孩子们，让其喜欢科学。

得益于海德堡大学教授们的自由思想和行为，孟威廉在 1936 年冬季开始了大学学业。但学业结束于 1938 年 11 月 12 日，这一天校长禁止他再跨入学校校园。孟威廉觉得要按自己的意愿生活下去，就只有移民了。

试过爱尔兰和美国的移民申请，都没有成功，他听说了去上海的机会。他因此找到了今后生活之地，但是还有问题，即如何才能立足。一张关系网给予了他帮助。曼海姆的一个邻居认识美国的某个人，而那个人认识某个在中国的人，在孟威廉到了上海以后，此人为中国红十字会物色工作人员，去中国西南部的贵州省工作。孟威廉立即抓住了这个机会。

在贵州的经历、中国的政治环境以及在那里结识的人，还有他完成的工作，这一切都促使他在战争结束后决定暂时不回德国。1940年代末，两万个在上海的犹太难民几乎都离开了，有的去了南美洲，有的去了巴勒斯坦，只有孟威廉留在了中国。他在上海继续学业，又作为化学家在中科院做研究工作，结交朋友，并与中国人结了婚。

回德国之路，因为有从前在中国一起工作过的同事帮忙而较为顺畅，他们早就回到德国，是在民主德国。

孟威廉回忆了这些事件、地点和人。他说作为医生的儿子，他也想当医生，但是纳粹的种族法不允许他学医，只好转而学习化学。他的生活轨迹从曼海姆到上海和贵阳，再到东柏林，画了一个大圈。

在德国和中国，孟威廉的生活先后受到纳粹和第二次世界大战的影响。日本对中国的侵略以及太平洋战争在他身上打下了烙印，中国内战和共产党的中华人民共和国同样影响了他。

在这样的外部条件下，孟威廉却追求着自己的爱好，成了科学家。在上海的流亡，对很多脱离了欧洲土壤的人来说，是无尽无望地对生活好转的等待，而孟威廉却抓住了挑战的机遇。他融入了全球科学家集体，开始几年是在中国内地，战后是在上海。他获得机会参与科学研究，成果得到了世界性的认可。在柏林洪堡大学，他把在中国获得的知识运用到了工作中，他认为是他个人的好运。

在中国，孟威廉得知自己出生的那年是龙年，按照中国人的观念那是幸运之年。"我一直有目标，"孟威廉回忆说，"就算没有直接的路径，总能找到一条路通往我的方向。"这条非直接的路就让他经过中国。他在那里得知了一句中国格言，让他在最困难的处境里也不绝望："有办法。"

文淑德

柏林，2014 年 2 月

第一章　曼海姆—弗莱堡—海德堡

孟威廉于 1916 年 3 月 22 日出生在曼海姆，比双胞胎哥哥晚了几分钟。他的父亲路德维希·曼（Ludwig Mann，1874—1949）医生除了在当地有一家精神病诊所，还与很多著名同行保持着定期的交流。他与著名哲学家雅斯贝斯的交情，后来在孟威廉出逃时起了作用。母亲娘家姓林德曼（Lindmann）。两人都是曼海姆公民，这里的犹太社区从 17 世纪开始就不断获得认可和权利。

起初犹太人必须要从当地侯爵的手里购买保护信，才能够在这座城市生活。他们在 19 世纪通过努力，参与当地社会和政治生活，取得了显著的成果。在巴登地区，他们一步步达到了不需再交特殊税、宗教获得认可的地步，最终于 1862 年成为具有国籍的曼海姆公民。在那几十年里，曼海姆的经济和工业得到了巨大的发展，其中也有犹太商人和银行家的功劳。①

孟威廉说，在 20 世纪初，曼海姆的犹太社区自认为是自由主义的社区。父亲的首要兴趣是自然科学书籍，在后来被关进法国南部居尔（Gurs）②集中营时仍未放弃：他带去阅读的是一本物理书。

> 我跟犹太社区没什么关系。我们不信教。有一回，拉比来找我父亲，为了上宗教课的事情。我父亲怎么回答的？他说，

以前孟威廉家在曼海姆的房子，Charlottenstr. 3a，摄于 1991 年

我儿子必须学拉丁语和希腊语，这就够了。曼海姆的犹太社区不是很严格。我们保持的传统，就只有赎罪日和新年可以不去上学。就只有这两个，其他再也没有了！我不上宗教课什么的，都没有！

曼海姆的犹太社区在1930年代的上半段纳粹上台后，仍然在壮大，是德国南部最大的犹太人社区之一。到30年代后半段才有很多曼海姆犹太人移民去了国外。他们越来越被严重地排挤出了市民社会，没法在这座故乡城市看到未来。1940年10月22日，尚留在普法尔兹、巴登和萨尔的犹太人，都被送进了法国南部比利牛斯河畔的居尔集中营。孟威廉的父母也在其中。

我呢，是曼海姆人。我生在第一次世界大战时期，我父母没工夫给我起名字，就叫我威廉……我父亲是精神病科的医生。

我外祖父也是医生。我的外曾祖是拉比，我的高祖也是拉比。曼海姆的公墓，里面那些墓地，他们都在那儿。我去过那些墓地，管理员还指给我看了。

我母亲原来姓林德曼。她就是曼海姆人。结婚前，她在她父亲的医院帮忙，一直到他去世。所以她结婚很晚，大概在四十岁。我父亲是乌尔姆（Ulm）人，出身于商人家庭。在曼海姆，我父亲也在一所商业学校任教。他在那儿教的应该是跟心理学有关的什么课。他备课的时候，总是要绝对安静。

我还有个姐姐艾琳（Irene），比我和双胞胎哥哥奥古斯特（August）大一岁半。我和哥哥是异卵双胞胎，他个子比我高，

孟威廉的父亲（1874 年 1 月 23 日—1949 年 3 月 19 日）

孟威廉的母亲安娜·曼（Anna Mann，原姓林德曼，1876 年 12 月 16 日—1972 年 6 月 4 日）

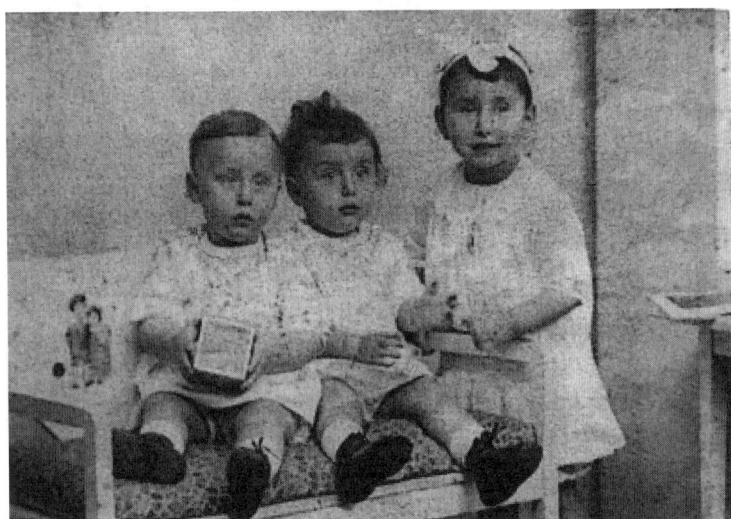

双胞胎孟威廉和奥古斯特，还有姐姐艾琳，摄于 1917 年左右

我们长得不像。

我们有个小保姆照顾我们的生活。她是海德堡附近的内卡尔格明德（Neckargemünd）人。战后没什么东西吃，我们就跟着她去了内卡尔格明德。小孩子们到了乡下，当然觉得太美了……我们真的住在那里了，父母周末来看我们。我大概3岁，已经会走路了。那儿有好多母鸡，还有一只公鸡，我哥哥很看重它。他总是早上走过去对它说"早上好"。他觉得它令人尊敬。

在曼海姆，上午我们在幼儿园。我不记得怎么被送去的。但是1点钟吃午饭之后，我就回家了。

学校离住处不远，当年就在Prinz-Wilhelm大街，近处就是弗里德里克（Friedrich）广场。水塔边上，正对着大花园，就是我们住的地方。我姐姐是老大，她带着我们俩，我们三人转过街角步行到学校。

上了三年学，然后我们就从曼海姆搬走了。那时我九岁，搬去弗莱堡。那应该是1925年。我父亲在那儿的一个疗养院当主任医生。

对我们来说，这儿当然漂亮得多了，因为就在森林边上，转过拐角就是黑森林。我后来又去过，那栋房子还在。我父亲是个著名的医生，在那儿有公务住房。那是一栋大房子。

我在那儿上中学——好像是叫贝特尔得高中（Berthold-Gymnasium）。我还得先通过一个考试，因为我在小学只读了三年。那时我不是好学生，更喜欢体育。在中学里，先学拉丁语，再学一门现代语言。当然我们就学法语了，然后再学希腊语。我学得不好。

我父亲当然抓得很紧。他倒是不严厉。在我很小的时候，

1991 年的 Rebhaus 疗养院，以前是孟威廉一家在弗莱堡的住房

他就把我送去了体操协会。他自己不擅长体育，但是他很注意让我们去锻炼。

20世纪初的几十年里，很多德国父母都听从弗里德里克·路德维希·扬（Friedrich Ludwig Jahn，1778—1852）的建议，用体操来达到他们孩子"锻炼身体"的目的。这位"体操之父"扬，主张强身健体，原出于政治以及国家强盛的意图，但这没有引起大多数人的重视。人们只是坚信，健康的身体能带来清醒的头脑。再加上，体育和锻炼的话题在年轻人之间，当年比如今更占据交流的重心。他们知道短跑运动员的日常生活，跟朋友们以此为谈资，知道谁跑得有多快。就像现在人们议论流行歌手的生活一样，这是塞巴斯蒂安·哈夫纳（Sebastian Haffner）记载的。[③]

对于犹太居民而言，体育运动还有一个附加的意义。医生和科学家们很久以来，到19世纪和20世纪初更为强调，且经过观察和众多研究，日益受到重视的说法是，犹太人中某些疾病出现的比例超出其他人群。早在18世纪末，艾尔肯·艾萨克·沃尔夫（Elcan Isaac Wolf）在曼海姆发表了《犹太人的疾病，献给其德国的兄弟们》[④]的报告，深入探讨了这一研究话题。他认为犹太青年是"读经和商业培训的令人遗憾的奴隶"，指出"很多犹太男人为商务奔忙，被迫跑着吃饭，或根本不吃饭"是他们特殊疾病的源头。[⑤]

作为犹太复国主义者，眼科医生马克斯·伊曼纽尔·曼德尔斯塔姆（Max Emanuel Mandelstamm，1839—1913）在很多文章里，开业医生 Martin Englaender 在1912年版的《犹太种族更容易出现的疾病》（*Die auffallend haeufigen Krankheitserscheinungen der*

Juedischen Rasse)⑥一书中，都认为有证据证明，犹太人特别容易罹患某些精神疾病。18世纪晚期之初，当时的历史条件下，认为这类疾病源于天意、自我行为错误、自然环境和遗传，加上生活、工作和居住条件诸多因素。后来这些医生竭力宣扬"种族特点"并非最重要的原因，也就是说，不是遗传的因素造成了这类疾病，而是具体社会处境。⑦

遗传的特性在那个时代是无法改变的，会长久地贴在一群人身上，成为污名。19世纪广泛流传的观念认为，社会条件可以改变，应当有利于人的健康而不能有损于健康。很多犹太人极端贫困，东欧严守教规的犹太人，在求学阶段往往就处于这种状态，即四五岁的孩子就上小学，被迫不间断地坐着上12个钟头的课。很多其他文化和社会条件，也就进入了致力于民族健康的改革者的视野。

通过犹太居民的健康化来促进整体德国人民的健康，同时提倡进一步融入，明确地被表达为"子民的健康是国家和睦的不尽源泉。友善的摄政者对市井小民的良心安排，让犹太人获得健康，使之成为取之不竭的矿山，能从隐蔽的金银矿脉中获取财富"。⑧

得出的结论是，除了社会和经济外部环境上的改变，犹太人要通过个人的行为达到改善的目的。比如通过体操锻炼身体，这促使犹太人发展了自己的体操运动。世纪之交时，柏林的《犹太体操报》就表达了这种期望，体育运动可以打败"犹太人的神经质"。⑨

政治协会，比如具有德国民族主义观念的"犹太人前线士兵帝国联合会"⑩以及"犹太复国主义的德国联合会"，都有自己的体操协会，即"Schild"和"Makkabi"。

在弗莱堡，滑雪是很要紧的事情。那时星期六还是要上学

孟威廉在跳高，约摄于 1934 年

的。星期天，很多人就去巴伦塔尔（Baerenthal）和费尔德伯格（Feldberg）滑雪了。我们也一直都去的，姐弟三人全都去。我姐姐，当然滑得最差，她是情愿看书的，但是也只好一起去。她滑雪不好，我是滑得最好的。在希施斯普龙（Hirschsprung），坐齿轮机车往上开的时候，大家都在看，今天的雪积得怎么样。你得会看，那会儿这是必须要有的本事。接着我们就滑雪，一直到晚上才回家。

后来到了1928年冬天，天气恶劣，冷得不得了。我们家外层木窗几乎一直关着。莱茵河冻住了。接着当然就没有煤了。学校关门，因为不能烧暖气，就放假了。我父亲立即就把我们送到费尔德伯格去了。那里是一所慈善院。我不知道他从哪儿认识的这些人。反正我们就在那里住下了。他每天或每两天打一次电话来，问问我们有没有事儿。

中学里放假的时候，我父母就把我送去一所体育学校。学校在卡尔斯鲁厄旁边的埃特林根（Ettlingen），是南德田径和足球协会办的。放假时，我总是在那儿过上6个星期。我觉得我们被训练得够呛。虽然不能说是军事性的，还是体育训练吧，但是纪律非常严格。

也有女孩儿，不过严格隔离。一大早6点钟，我们就开始到森林里跑步之类的。那会儿我12岁左右，被锻炼得很结实。

后来就是世界经济危机（1929年），疗养院破产了。我们就搬回了曼海姆。我父亲开了一家诊所。他是有名的精神科医生，认识的人很多。在海德堡，他也有关系，跟雅斯贝斯教授也熟悉。我就回到曼海姆上中学，成绩不好，更喜欢体育。有时候我们把书包锁到柜子里面，别人就看不出我们在干吗，我们立即去了体育场玩儿了……跟朋友们一起，有时候玩得还很过分。有一回，我回到家，父亲看见我的血压非常低，他当然很生气：下回再这样就不准去了！是否还有别的犹太孩子在那儿玩儿，我一点儿也不知道，都是大家一起玩儿的。

1934 年，我短时间入了一家私立学校，这对我帮助太大了。我成了好学生，变得懂事了。1935 年，我去了莱辛高中（Lessing-Realgymnasium），离我们那儿的面包房很近。那里数学和自然科学的课程较多，有拉丁语和两门外语，还有滑雪和生物。我父亲有意把我往自然科学和医学方面引导。科学对他而言是最了不起的。他用尽了所有影响力让我往这个方向走，不让我放弃。

我姐姐对自然科学一点儿兴趣也没有，只喜欢历史。她几乎总是坐在家里，读着随便什么历史书。她后来在英国伦敦读大学，学的是日耳曼文学。我哥哥对所有这些都不感兴趣，就被送去读商业学校了，那是培养商人的。他在那里毕业后又去做了商业培训。他有点儿跟我们不同，他非常喜欢跳舞，开心地玩儿。他口袋里的钱也比较多。

我得着了一架显微镜，是比较小型的。我还有一个化学箱子。在 Charlottenstr. 3a 的地下室——我们家从前做洗衣房用的，不用之后，就成了我的化学实验室。

我母亲胆子有点儿小。那里放着好多化学药品。做有机化学实验，我总是照着威兰（Wieland）编写的加特曼（Gattermann）的《有机化学实践》一书做的。

我母亲没上过大学。她在她父亲的医院里帮忙。她比较老派、严厉。她总是对我的行为举止很注意，在这方面她是老派

孟威廉（1935 年 19 岁）

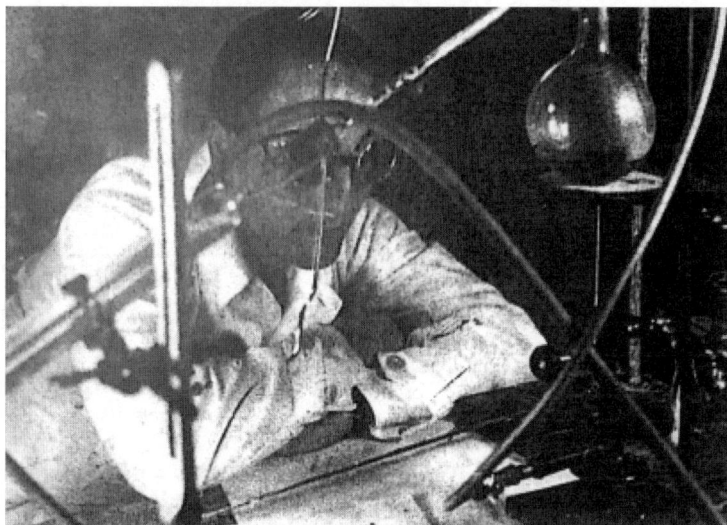

孟威廉在曼海姆家里地下室的"实验室"里，约摄于 1935 年

的。我父亲完全不同。要是我干了什么坏事，她就叫我去找父亲。他是个受人尊敬的人。他就大笑起来，奖赏我一个马克。他是很喜欢开玩笑的。要是事情得逞，弄得别人目瞪口呆，他就好开心！

我们家很少有客人，偶尔威尔曼斯（Wilmanns）教授^⑪会来。他是精神病学家，海德堡大学研究所^⑫的所长。他是有德国民族主义观念的，但是反对希特勒。他说起他的儿子，去瑞士旅行，把允许带的 10 个马克全都换成 1 分的硬币带着，就是为了给边警找碴儿。由于政治原因，他在 1933 年不得不放弃他的职位，住到威斯巴登去了。我还去看望过他几次。

我们男孩儿有时候会请朋友来家里。大多是来跳舞，或是别的什么无聊事情，算是舞会。有一天晚上，已经夜里 12 点，我父亲觉得太闹了。他突然就下楼来了，穿着睡衣，直接走向一位女士，问她，知不知道几点了。

父母不搞聚会。有一回，我们跟父母一起去度假。一般来说，我们是不度假的。放假的时候，我总是去曼海姆我姨妈——我母亲的姐姐家。像如今这样满世界转悠，那会儿是没有的。不过有一次，我父亲的一个女病人——后来我到上海后，她还给了我帮助——邀请我们三个孩子去了谢维宁恩市（Scheneningen）。我们在那儿，在这个富商家里住了三个星期。打网球、游泳，但是我们不能穿平时在家下莱茵河时穿的泳裤，而是必须穿上全身的泳装。不过那边没有山……

我们在家聊政治。吃饭的时候，我们都坐在一起。早饭时，我父亲看两种报纸——《法兰克福报》和《曼海姆报》。我父亲是左派，支持社会民主党。他不是党员，但这是他的政治倾向。

1929 年纽约股市崩盘，以及由此引发的经济危机发生之后，仅仅在德国就有超过六百万人失业，民众贫穷和绝望程度是前所未遇的。为寻找德国绝望处境发生的原因，人们的目光就转到了《凡尔赛条约》上，战争失败带来苛刻的赔偿负担。人们往往把自己苦难的原因归咎于别人，此时的民族主义宣传不仅把矛头针对外部的敌人，也把矛头针对内部的反犹主义，两者相加成为民族主义的利器。纳粹喊叫的罪责指向——"犹太人是我们的不幸"，令这种气氛高涨到极点。共产党与他们相反，并不首先哀叹民族困苦，而是试图广泛地改善所有资本主义国家里底层阶级的处境，那里的统治者和财主的剥削造成了他们的困苦。对保守党，就是资产阶级政党而言，他们首先要遏制共产党的发展，所以相对来说纳粹就是小恶而已。"我们利用了他（希特勒）。"副总理冯·巴本（von Papen）宣称，"两个月后我们就会把希特勒逼到墙角，挤扁他"⑬。

这被证明是错误的估计，造成了后来的厄运。希特勒在 1933 年 1 月 30 日被任命为帝国总理。保守党加入了联合内阁，而且占有多数。他们坚信希特勒不会得到实权。他们估计，让希特勒当总理，就能赢得纳粹党的支持，用这个方式加强实力共同应对德国的危急现状。

1933 年 1 月 30 日晚，纳粹支持者举旗走过勃兰登堡门，庆祝"掌权"。希特勒在接下来的两个月里根本没有被"挤到墙角"，相反扩展了权力。他的要求得以通过，就是立即解散帝国议会，在 3 月份举行新的选举。还在 2 月份的时候，他就叫他的内政部长赫尔曼·戈林（Hermann Göring）改组警察机构，用纳粹主义者取代不忠于纳粹路线的人，并加强了与"民族主义团体"如冲锋队、党卫军和钢盔（Stahlheim，前线士兵联合会）的合作。希特勒用演讲让民众和军队相信，他是德国的唯一拯救者：只要给他机会，改变过去14年的政治并贯彻执行他自己的政治意图，那就是对国家最好的。他的政党战略，是把自己列入一系列伟人和民族历史之中。戈登·克雷格（Gordon Craig）描写道，1933年后好多酒馆的墙上都挂着希特勒头像，与腓特烈大帝、俾斯麦等挂在一起，人们放心地坐在那些肖像之下。⑭

当公开集会和报纸在1933年2月初被禁之后，知识分子和艺术家受到了威胁。在柏林，反抗这种秩序的行为被阻止，托马斯·曼的言论被诽谤为无神论。

在此之前，公民还享有《魏玛宪法》所规定的基本权利。到1933年2月27日帝国大厦起火之后，政府立即在28日实行紧急状态法，即所谓"保护国家和人民的法规"。从此以后，只要帝国政府认为秩序和安全受到威胁，就能随意作为。个人自由，言论和新闻自由，结社和集会自由，财产和住所不受侵犯的权利，这一切都不受保护了。如果某人被捕，他根本无权陈述，或是寻求律师的帮助。警察具有一切行动自由，只要其行为获得上司同意。⑮

此政权的反对者，特别是共产党人，就成了猎物，是不受保护者。在1933年3月5日帝国议会的选举中，纳粹党获得多数，冲锋队就抢劫了犹太人商店。警察承诺要实施逮捕。希特勒在帝国议会上要求通过授权法，摆脱内阁其他成员和总统的控制。就此，政府可以自己出台法律，甚至改变宪法。社会民主党成员对这一"授权法"投了反对票，尽管冲锋队和党卫军对他们施以极大的压力和威胁。很多德国人对社会民主党人的这种做法表示不赞同。他们深

信"社民党"们在计划造反，而这足以证明他们的怀疑。最终在夏
天时，工会被击碎，国家许可的就只剩下一个党了，那就是纳粹。
在希特勒表示，现在政府稳定了，有执行力了，终于为实现"国家
秩序"扫清了道路的时候，很多民众都表示赞同。社会上不同意见
和反对意见，如同共产党那种主张，就不再有了。纳粹的说法是，
所有人都是大整体的一个部分，只有一个敌人还在，就是犹太人。

随着《重修职业公务员法》在 1933 年 4 月 7 日的出台，抢劫
犹太商店和反犹主义的咆哮甚嚣尘上，犹太人和纳粹的政治对手被
清除出了公务体系。从 1933 年 4 月开始，犹太商店和犹太医生诊
所受到了系统性的抵制。"德国人不在犹太人那儿买东西！""德国
妇女、德国姑娘，不去看犹太医生！"这类标语，出现在很多城
市里。

直到 1935 年，我还没感觉到危险。到处乱喊的都是些暴
民。日常生活已经受到街上的这些影响了。有时候有反犹太人
的聚会，大家喊着口号。1933 年的时候，大家还没认识到严
重性。

我不能说，1935 年时在学校里感觉到有什么特别的反犹
倾向。我对教师们也说不出什么。我们有个老师，肯定是纳粹
成员，因为他有时候穿纳粹制服。他给我的历史和哲学课成绩
还是打了 2 分。那时候，这可不是差的分数。班上的同学里我
也想不起什么，如果我说他们什么的话，那也不公正。

毕业会考之后（1935 年初春），我就去 Walsertal 滑雪了。
在那儿，我待了六周。我父亲说了，"就给你那么些钱，用完
了就回来"！我们就住在农民家，用干草做铺盖，几乎没花什么

Bad. Realgymnasium mit Realschule
— Lessingschule —
Mannheim.

Reifezeugnis

Wilhelm Mann

geboren den 22. *März*　1916 zu *Mannheim*,
n/c Bekenntnisses, Sohn des *Ingkr.*
Dr Ludwig Mann in Mannheim

hat das Realgymnasium Lessingschule Mannheim seit dem 16. *April* 1934
von Klasse *OI* an besucht und war seit 16. *April* 1934 Schüler
der Oberprima.

Er hat die an der Anstalt abgehaltene Reifeprüfung bestanden.

Sein Betragen an der Anstalt war　*gut*
Sein Fleiß war　*gut*

Seine Kenntnisse und Fertigkeiten in den einzelnen Lehr- und Prüfungsgegenständen waren:

Religion:	Mathematik: *ziemlich gut*
Deutsch: *ziemlich gut*	Zeichnen: *gut*
Philosophie: *gut*	Turnen: *gut*
Lateinisch: *gut*	Singen: —
Französisch: *ziemlich gut*	*Wahlfreie Lehrgegenstände:*
Englisch: *ziemlich gut*	Griechisch: —
Geschichte: *gut*	Physikalisches Praktikum: —
Erdkunde: *gut*	Chemisches Praktikum: —
Physik: *gut*	Kurzschrift: —
Chemie und Biologie: *ziemlich gut*	

Demgemäß wird ihm das

Reifezeugnis eines Realgymnasiums

zuerkannt und seine Entlassung mit den besten Wünschen für d*as* von ihm gewählte
Studium ausgesprochen.

Mannheim, den 24 *Februar* 1935.

Der Vorsitzende
der Prüfungsbehörde:
*Infolge besonderen Auftrags
des Unterrichtsministeriums
Schulze - Diesdorf*

Direktion des
Realgymnasiums Lessingschule:
Schulze - Diesdorf

孟威廉的中学毕业证书，1935 年 2 月 7 日

钱。早上我们就只喝牛奶，那也是很便宜的，我带的那点儿钱就够六个星期的花费了。我母亲当然担心得要命。母亲们大概都是这样的。我在装背包的时候，她正好下楼来，看见我往里塞了一根雪崩用绳，觉得很奇怪，问我为什么，我就告诉了她。后来雪崩竟然真的发生了。我们正舒舒服服坐在农民家里，看见对面山上的雪崩塌下来。那是3月份，我母亲在报纸上看到了这条新闻，立即发了电报来，要求回电。她肯定以为我们出事了……记得我们是三个男生一个女生。

接着我在一个化工厂的实验室工作了半年，算是一次实习……我一直喜欢化学，喜欢动手做化学实验。我觉得学化学也行，反正我不能学医，不能参加国家考试，因为我是犹太人。只要跟科学相关，我父亲总是支持的。

其实孟威廉是很想学医的，这肯定也是他父母的愿望。从家庭传统上来看，外祖父是医生，父亲是医生。很多家庭里，一般至少有一个儿子是要继承父业的。但是在当时的德国要学医的话，就要通过医学的国家考试，而参加国家考试必须要有德国国籍。而1935年9月15日《纽伦堡种族法》出台后，孟威廉失去了德国国籍。根据这一法律，界定国籍依赖于"血统所属"。隶属于《纽伦堡种族法》的《帝国公民法》取缔了全体犹太人政治上的公民权利。只有那些具有"雅利安血统"的人，才能成为德国公民。

一直以来，很多犹太大学生就读医学。所以医生群体中有很多犹太人，占比很高。20世纪20年代末，德国社会中犹太人人口约占不到1％，而犹太人在医生中约占16％。[16]因为当时很多年轻医生经济处境很不好，纳粹在非犹太医生中做的反犹宣传就很有成效。可

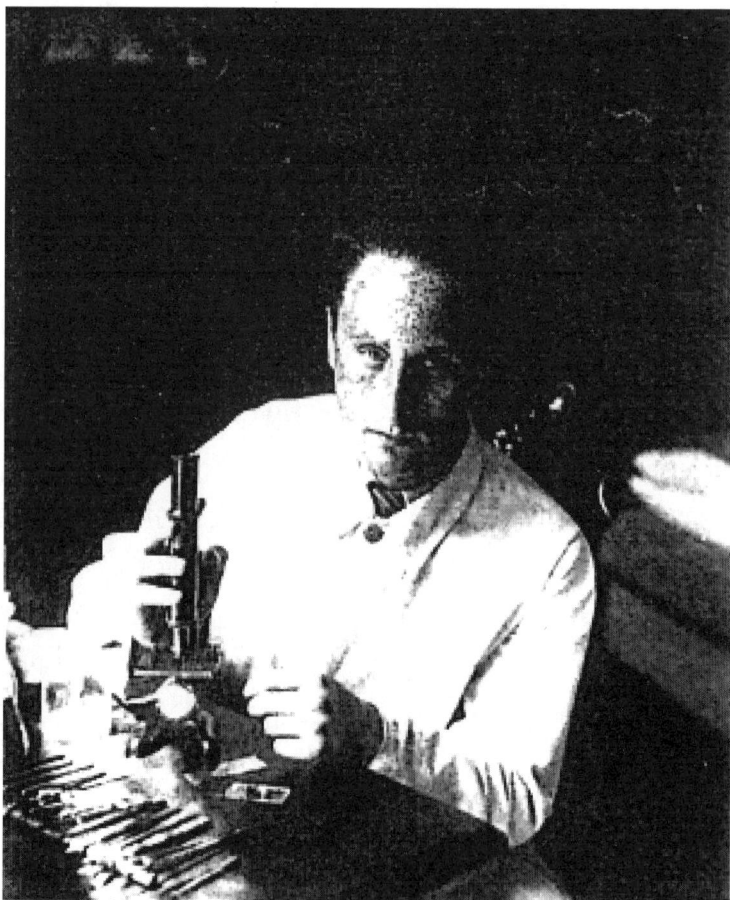

1935 年的孟威廉

以想见，因为他们希望，在赶走公立卫生机构和大学里的犹太医生后，会空出一些优厚的职位。从 1933 年起，犹太大学生进入医学院学习的人数相应下降。从 1933 年 4 月起，犹太大学生连申请读大学都已经很难了。能上大学的犹太人的人数要符合社会人口比例。

　　又加上 Numerus Clauses（拉丁语，意思是某些学科因申请者众多，要按照分数择优录取——译者注），我必须要申请，等待审核录取。对犹太人来说，被大学录取的数量是很有限的。那是 1935 年，这年冬季学期我就去了海德堡。那时，我父亲和我去找了博施（Bosch）教授。他是哈伯-博施（Haber-Bosch[17]）流程即合成氨的发明者之一，是海德堡大学校董会成员。我父亲请求他帮我的忙。是不是起了作用，我也不好说。有一天，我收到一封信，可以读大学了。我父亲高兴得不得了，因为他也是在海德堡上的大学。他就带我四处转了转，指给我看他那时常去的地方。化学研究所的主任叫弗罗伊登伯格（Freudenberg），是个有名的化学家。[18]我现在必须要有个实验室里的位子。我就去了秘书处，打听怎样才能有实验室里做实验的位子。我拿的是黄颜色学生证。犹太人的学生证是黄的，其他人的是褐色的。女秘书看了我的学生证。我说："我是犹太人。"她却回答说："我们这儿只负责有没有注册学籍！"那是 1935 年。然后我就开始在大学，在实验室里学习化学了，跟同学们一起学习，一起去吃饭，等等。但是有一天，那是 1936 年，我的实验室桌上放着一张纳粹学生报，里面有一篇文章，既是针对我，也是针对我的同学的：

1936 年 5 月 20 日海德堡学生报上针对孟威廉的文章《拿着试管的犹太人》

拿着试管的犹太人

有特别奇怪的人！海德堡也有——或者说这不奇怪吗？

各种大学生，企图把一个如假包换的犹太人当成同等的公民来对待，

与他们友好交往，并且互相称"你"？如果对这种行为不清醒，说"不"的话，那我们就不奇怪了。因为犹太人生来就无耻。

这个干净集体里的其他人应该拿好自己的试管，放弃这种无意义、无目的的"人种优化"的"实验（企图）"｛???｝，不然会有巨大的臭味！[19]

对自己的海德堡大学传统甚为自豪的大学生们，显然在德国大学的青少年联盟影响之下更容易极端种族主义化，特别是那些属于德国大学生联盟（VDSt.）的人。海德堡的德国大学生联盟早在其成立的1890年就把反犹作为其基本准则。当40年后的纳粹德国大学生联盟要在德国大学建立新的地方小组时，原有的准则就是新的意识形态的基础，德国大学生联盟的海德堡成员已经构成了其基础。联盟的办公地点也是冲锋队的所谓冲锋聚点。从前独立的刊物《海德堡大学生》从1935年起，出版时加上了副标题《纳粹德国学联战斗报》，每个月出版两次，免费分发给海德堡大学的教师和学生。其中"挺进"栏目，都是匿名或只有名字的字母缩写，比如针对孟威廉的这篇文章，作者名就只有一个 f。

从这一天开始，再也没有人跟我说过话。他们当然害怕，所有人，我肯定是这么回事！要不然他们之前怎么会对我那么

友好呢？我们原来都一起出去吃饭，一起喝啤酒什么的。晚上我当然是回曼海姆的，我住在曼海姆嘛，坐火车只不过半个钟头而已。我以前的同班同学，现在也在上大学的，大多数也乘这趟车，我们大家是一起乘车的。这也立即没有了。没有人再跟我说话。在实验室里，我完全被孤立了。

不能再跟助教们和教授们说话。我还得参加一个接一个的讨论课，所有的课，都得去。课上倒是一切正常。也就是我没法说某个讲师对我提了什么特别难回答的问题，我也不能说他们让我分析特别难的题目。这是没有的。

跟旁边人借试管或者材料？不会了，从那以后就不再有了。他们不跟我说话，肯定是因为害怕，因为每个人都知道我是犹太人，不然他们从一开始就不会理睬我。事情并不如此，而是直到这篇文章出来以后。

1926年成立的纳粹德国学联的成员，从1930年起越来越激烈地对大学里的犹太人进行宣传攻击和挑衅。当宣布1933年4月1日作为全国性"抵制犹太人日"后，他们对犹太教授和同学的欺辱日益极端，要求"把一切犹太教师和助教清除出高校"[20]。对犹太医生的诽谤把种族主义和专业说辞连在一起。连海因里希·威兰（Heinrich Wieland，1877—1957），慕尼黑大学化学教授，也是孟威廉在海德堡的教授弗罗伊登伯格的朋友兼同事，也成为纳粹受害者。他是自由主义者，毫不隐瞒自己的反纳粹主张。纳粹"掌权"后的希特勒举手礼，他说是"右派举手"[21]。在他的关于大脑脂肪中磷含量的大课上，他一语双关地说德国是"缺磷国家之一"，暗指9月的《帝国公民法》。1935年纳粹分子声讨化学家威兰，写信给巴伐利亚教育和文化部，说他"挑剔政府和第三帝国到令人无法忍受"[2]。为此，很多学生和教授在尚未受到正式驱逐时就决定移民国外了。

早在1933年4月7日《重修职业公务员法》出台之前，很多犹太医生已经从国家和社区机构的职位、荣誉职务（如红十字会）中被排挤出来了。忠于纳粹路线的医生很愿意接任空出的位置。从《重修职业公务员法》实行后，犹太医生在1933年4月22日后逐步被取消了社保医生的资格。大部分犹太医生因此失去了基本生活保障。从1935年起参加国家医学考试的人，不仅要求要有德国国籍，还必须要有"雅利安人证明书"。1935年12月13日开始实施帝国医生规则。1935年年底以后就没有再向年轻的犹太医生颁发过行医许可证。1936年10月起禁止犹太医生诊治非犹太病人。两年后，1938年9月30日起，原有行医资格的犹太医生被取消了"医生"头衔，行医许可证被吊销；只允许其中一小群无法取缔的（犹太医生），以"病人诊治者"的名义行医，但是只在大量犹太人生活的区域。[3]

那个时候，我父亲失去了社保医生资格。他就没有社保病人了。我们就在家里接待病患。楼上收拾了出来，我父亲在那儿给病人看病。我们总得要生活。家里还是相对宽敞的，空出一层楼，他就接治病人了。情况到底怎么样，他没说过。我唯一明白的是，要是我学医的话，肯定不会学精神病科，太弄不清了。尽管大多数精神病医生——我觉得——是很有趣的人。我父亲还很有艺术细胞。他的信就写得很好。他也写过些什么

的。他曾经在居尔，法国南部的集中营待过。^②

那时就已经很清楚了，我无论如何都得从德国出去！连体育俱乐部我都没法去了。我就去了那个犹太人体育协会，叫Schild。这是犹太人前线士兵帝国协会下属的体育部，我在那儿打曲棍球之类的。那会儿基本上就是一切都隔离。我还记得"不欢迎犹太人"的标语到处可见，比如饭店、影院等地方。所有游泳的地方，包括泳池和莱茵河沙滩，到处都贴着"不欢迎犹太人""犹太人不允许使用市政游泳池"的标语。只有一个泳池没有贴这种标语。有一天，我就去那里游泳了。我穿好了衣服准备回家，正要经过一座桥的时候，一伙暴民闯了过来——估计是没穿制服的纳粹——把写着"犹太人完蛋""德国莱茵河不许犹太猪来"的纸条贴在我身上！老天保佑！我跑掉了。其他在水里的人，肯定都因为不想看见这一幕，游往莱茵河去了，到别处上岸了。

一切很清楚了，我得离开，我必须得走！但是，我还是想上大学。我有一个叔祖，"教授爷爷"，他在爱尔兰的戈尔韦（Galway），是日耳曼文学（或者类似的专业）教授。我父亲写信到戈尔韦去，我获得了一份奖学金。我当然高兴得要命。我父亲乘火车去柏林，向爱尔兰大使馆申请签证。但是，我没有拿到签证。那是 1938 年。理由是，大学读完后我不能回德国。虽然我有奖学金，但也没用，还得必须有签证才行。一看到从柏林回来的父亲，我就明白了。他看起来沮丧至极。

暑假里，大学的暑假是很长的，我总是在汉堡的一家犹太医院里工作两三个月。医院在绳索街（Reeperbahn，因其是靠近码头的著名红灯区，原为远洋船和船员服务，故叫此名称——译者注）旁边。我还有他们给我的一些证明。1936 年我虽然还能上大学，但是完全被孤立了。

接下来就是 1938 年 11 月的打砸抢。我还记得，一伙暴徒闯到我家，我父亲对我说，赶快走，赶快离开家。我就从家里跑了，乘上火车去了海德堡。因为我有学生车票，还能闯过封锁线。因为他们没有想到当时还会有犹太人在海德堡上大学。我是这么猜测的。然后我就去森林里散步，之后去了海德堡的一位叔叔家。他的父亲是马克斯·哈成伯格（Max Hachenburg，1860—1951），很有名的律师。[⑧] 他参与了德国档案法的很多工作。曼海姆有一条以他名字命名的街道。在那儿，我吃了午饭后就出来了，很晚才回家。天已经黑了，我母亲当然高兴啦，因为我又回来了。她跟我说，盖世太保来了，他们要逮捕家里所有的男性成员。我父亲参加过第一次世界大战，以为不必怕什么。但是，他们把他也带走了。我哥哥已经在美国，我姐姐在意大利。我是唯一还在家的。我母亲就说我不在家，也不知道我去哪儿了。而我父亲早就 60 多岁了，就在卡尔斯鲁厄（Karlsruhe）被放了。那是一列开往达豪的火车。他还算幸运。我母亲一直说不知道我在哪儿。我的姨妈们一直问我出了什么事，她说不知道。我就藏在我家楼顶最高处的房间里，还不许我站在窗口。这个 11 月的打砸抢之后，我一直在那儿躲藏了好一段时间。我家房子也不是坐落在市中心……我们住的地方，算是一般人说的好区，离内卡河很近，还有一大片公园。我就躲起来了。一段时间后，我就不必躲藏了。

1938 年 11 月 12 日，海德堡大学校长路德维希·保罗·施密特纳（Ludwig Paul Schmitthenner）给孟威廉写了这封编号 2695/III 的短信。这位校长出身于牧师家庭，1933 年成为纳粹党员，1934 年成为党卫军成员，他是军事史家。信的内容如下：

> 自然科学学生孟威廉先生，
>
> 曼海姆，Charlottenstr. 3a：
>
> 为避免不方便，即日起我禁止您听课并踏入大学校区和您所在的研究所以及一切机构。有关您学业的继续，我保留最后的决定权。
>
> Krüger 执笔。

这封信的副本也寄给了"海德堡学生领袖"⑥。副本上还加了一句话："孟是此地唯一注册的全犹太人。"⑦

他的大学同学在禁令之后是如何表现的？

在离开德国之前，我当然要把一切都处理完。欠的东西，实验室里用过的，都得办手续。不然，我根本拿不到护照。还有我的学籍证，11 月 12 日后我已经被禁止踏进学校了，怎么才能很快把这些事情办了呢？结果，有一天，一个同学来到我家门口，说可以把学籍证给他，他会替我去办所有手续。

他就去办了。他说，他是个笃信天主教的教徒。我其实不认识他，以前跟他几乎没说过话。他是非常安静的人。突然他就在我家门口按门铃，我打开门，他站在那儿。他对我说，把学籍证给我，我来办。我想要逃往上海，他并不知道。但是他

Der Rektor
der Universität Heidelberg
M2695/III.

Heidelberg, den 12.November 1938.

Herrn

stud.nat.Wilhelm M a n n ,

M a n n h e i m .

Charlottenstr.3a.

Zur Vermeidung von Unzuträglichkeiten v e r -
b i e t e ich Ihnen hiermit bis auf weiteres die
Teilnahme an den Vorlesungen und Übungen sowie das
Betreten der Universität,ihrer Institute und sonsti-
gen Einrichtungen. Meine endgültige Entscheidung
über Ihr Weiterstudium behalte ich mir vor.

i. A. Krüger

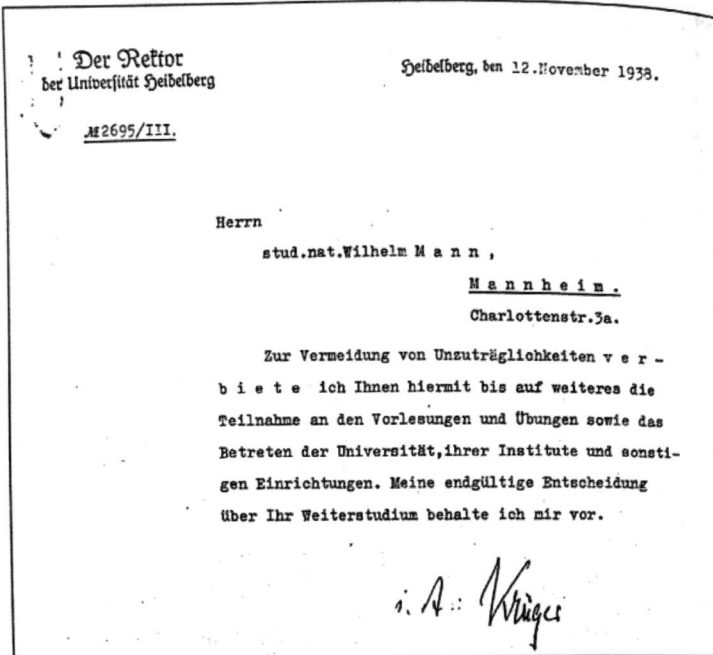

1938 年 11 月 12 日海德堡大学校长给孟威廉写的信

知道我被禁止踏入学校。也就是说，我以正常路径根本不能去办事。几天之后，他又来了，学籍证上盖上了必须要有的章印，事情完全合法地办好了。他没有多想，估计他只是从一个基督徒的信念出发做了此事，我是这么估计的。但是，那是唯一的一个。我跟他以前没什么交往，甚至不知道他叫什么名字。所以他突然站在我家门口时，我很吃惊。他帮了我太大的忙了！

1938 年 12 月 13 日学籍注销，孟威廉作为化学系学生注册于 1935 年 10 月 30 日，四个学期作为海德堡大学生的身份结束了。正式图章上还包括附加的话："没有不良品行。"

接下来，我去哪儿啊？我没地方可去，我虽然有美国的担保人宣誓书，可是大概要等 5 年才能排到我。那么，去哪里？爱尔兰不能去，美国当然也不行。那么，哪里呢？

孟威廉经历了实验室里的情形，加上 11 月那个打砸抢之夜，就下定了决心要移民。而被大学正式驱逐，是最后的明确信号。对他来说，这里没有前途了。孟威廉想上大学，想要在自然科学领域工作。这一切在德国都不可能了。他的哥哥姐姐都已经出走了。姐姐住在意大利，哥哥在美国。他要出去。但是，哪里呢？1930 年代中期还有可能去荷兰、英国、法国、爱尔兰、捷克斯洛伐克或者意大利，只要钱财上能够负担得起。意大利，尽管有个法西斯政府，但也接纳了很多犹太移民。这种情况在 1935 年 9 月份犹太法出台后也没有改变。

Ruprecht-Karls-Universität Heidelberg

Studienbuch

für

stud. _Mm_ ___Wilhelm Menne___
　(Studienfach)　　　(Vor- u. Zuname)

geb. am _22. III. 1916_ in _Mannheim_

(Raum für amtliche Vermerke)

Immatrikulation am **3 0. Okt. 1935** **Reichs-Nr.** _1006._
　　　　　　　　　　　　　　　　　　　Immatrikulations-Kommission

Abgangszeugnis.

Inhaber hat der Universität vom _30. Oktober 1935_
bis zum Ende des _____ Semesters _1938_ angehört.
Ueber die Führung ist Nachteiliges nicht bekannt geworden.

Heidelberg, den **1 3. Dez. 1938**

Der Rektor
der Universität:

Der Vorstand des
Universitätssekretariats:
M. A.

Zu beachtende Vorschriften siehe letzte Seite!

孟威廉的学籍证，注册于 1935 年 10 月 30 日

不同国家给移民设置了各种不同障碍，以防止犹太人大量涌入。法国和比利时限制外国人的工作可能性，因此外国人很难立足。美国的优生法则形成法律的基础，移民数量被限制。从某个出生地来的移民配额是固定的。1924 年的《约翰逊-里德法案》限制每个移民来源国的移民数量——规定是 1890 年时在美的该国人口数量的 2%，特别限制从南欧和东欧来的移民。此外，进入美国还必须要有担保人宣誓书。瑞士和德国之间协议的结果是，德国犹太人的护照上有一个红色大写的 J 字。因此犹太人到了边境就立即被认出，马上被遣返。超过 3 000 个犹太人被从瑞士境内遣返德国，对多数人这也就意味着必死无疑。

犹太人从德国和奥地利移民出去，在 1937 年到 1940 年间一开始几乎是强迫，但 1941 年政府却下了严格禁令。在尚被允许的时候，帝国内政部和当地犹太人移民中心负责组织犹太人向国外移民。犹太人方面，由 1881 年成立的希伯来移民援助协会（HIAS——Hebrew Immigrant Aid Society）协助。

德国当局发出护照，要求出具担保宣誓书六个月之内就出境。看上去似乎有很充足的时间，其实对这么艰难的步骤来说，六个月是非常短的。必须要先给外国的亲戚和熟人写信，有可能很久没联系，花很多时间才能重新找到。财务状况也要出示，要到各个机构办注销，还有些财产必须贱价出售，再安排旅行手续。尽管纳粹希望他们快走，但所有这些步骤对犹太人来说很花时间，常常还要遇到阻挠。

1936 年起，当其他目的地如英国、北美、南美、新西兰、澳大利亚对犹太人已经关门时，上海才被作为逃难的目的地。在德国的人们根本就不知道远东的生活状况。1938 年 11 月开始，就是打砸抢之夜以后，上海这个1937年已被日本人占领的地方才被14 000—15 000名犹太人当成了唯一的逃难地，也有估计说逃难去的犹太人数量比这大得多。到1939年8月，日本当局才开始限制移民数量，其实并不是为了阻止犹太移民进入，而是首先要避免基本生存环境的崩溃。只有家人已经在上海的人，或者已经在上海有职位的人和至少带着400美元现金的犹太人，还被允许来上海。[28]因为上海不仅是欧洲难民逃亡的目的地，也是数不清的中国人在战争期间寻求避难的地方。

很多轮船公司有开往上海的客轮，往往票价昂贵。一开始犹太人还有财产，并被允许带需要的现金出国，那时还没有问题。可是当跨出国境只允许每个人带10个帝国马克时，船票的价格对没有了财产的人来说就是不可企及的。而且他们还必须买来回票，往往只能买到头等舱的票。经常是必须用美金支付。如果没有足够的钱，就要想办法在国内国外找朋友和亲戚、找犹太协会和援助组织资助才行。[29]

　　我唯一能去的地方，是上海！

　　我们从哪儿听说的，我已经不记得了。我只知道，我跟我父亲一起去法兰克福，去了一家旅行社。我们运气很好，因为我很快就拿到了护照！1938年12月，大概20号左右，我就乘车去热那亚了。我从曼海姆本应该经过奥地利去意大利，但那是胡扯的，因为直接的线路是经过瑞士。可是我的护照上有红色的J字，瑞士要求我要有签证。瑞士领事馆却给拒签了！因为我父亲认识那个领事，给他打了电话，所以我就拿到了瑞士的过境签证。但是我得写签证保证，如果我留在瑞士的话，就将被遣返德国。瑞士人实在不是大方的人。那个"J"是瑞士人搞出来的。他们要区分哪些是犹太人哪些不是，所有护照上都弄。在热那亚，我还见到了姐姐。我哥哥在9月份我还见过，特地从汉堡回曼海姆见的，我那时在犹太医院的实验室工作。他去了美国。我姐姐住在意大利，已经准备好马上去英国了。我还见到了她。

第二章　上海

1939 年 3 月 2 日，孙科（1891—1973），中华民国国父孙中山之子、立法院长，建议"在中国西南地区接受大量犹太移民"，这"一方面符合中华民国人道准则，同时也能加强对日抗战"[30]。这个计划也得到了蒋介石的支持，他呼吁所有相关机构支持，但事实上却很难实行。

这一情况下，上海的一位犹太银行家雅各布·伯格拉斯（Jacob Berglas，1896—1974），转向公众舆论，提出了后来所谓的伯格拉斯计划，准备将超过 10 万的犹太人移民到中国西南的云南省——给予他们中国公民的所有权利和义务，只有一个限制，即不能投身政治。这个计划也和中国方面其他想象的规划一样，没有实现。伊夫斯·伯纳（Yves Berna）清醒地评论说，"这种中国政治家和外交家的想象，把'犹太精英集团'吸引来加强欧洲民主国家和美国亲中态度，以增强抵抗日本的力量，也想获得犹太难民可能带来的财富来用于中国的经济重建"[31]。几千名欧洲中部来的犹太人和其非犹太伴侣，此后依然是无组织和无序地到达上海这个救命之地，进入中国的大门。

1938 年 12 月 20 日，里雅斯特劳埃德公司的"维多利亚"（*Victoria*）号全员满载，从热那亚港启航，开往上海。航行四个星期，经过苏伊士运河、孟买、科伦坡、新加坡、马尼拉和香港，最终抵达目的地。

> 到孟买为止我坐的是一等舱——买不到其他的舱位——当然非常贵。我的一个姨妈，就是我妈妈的姐姐，帮忙出钱买的船票。从孟买到上海，就是经济舱了。从德国出来我只能带10个马克，除了换洗衣服和一只箱子，其他什么也没有。我父母想把一只祖传的手表，很贵重的，送给我，但是我带不出来。在船上，我们有餐券……我们在船员那儿换回了钱，他们当然赚了很多。

> 在孟买，我们不能下船，是英国人不许……他们也不是最好的人，特别是在殖民地；然后经过新加坡和马尼拉到香港，从那儿去往上海。那些地方我们都可以下船的，我不知道为什么英国人在那儿不许。香港也可以下船的，但是总是只允许两三个钟头。这是客轮。船上我只认识了几个奥地利人。他们是犹太人，其中两个在上海跟我成了朋友。

"维多利亚"号在四个星期后，于1939年1月中旬抵达了上海。大轮船离开大海时乘客们几乎没有感觉到。船拐进长江口，江面太宽阔了，如同大海。长江和黄浦江在吴淞口流入东海。1月的风很大。上海的冬天又冷又潮湿。"维多利亚"号从长江口进来往左转入黄浦江，从吴淞经过，这是进上海的大门。岸边是江湾，还能看见1937年10月和11月日本炮弹轰击后留下的废墟。这里曾经规划了现代的上海市，有机场、运动场和医院。

在黄褐色的黄浦江里，轮船还要开很长一段路才能抵达市中心。水上交通之繁忙如同大马路，有运货驳船、好几层楼的客轮、帆船、很小的渔船以及渡船，从江的一边开到对岸。一切都昭示着国际大都市到了。

到 1937 年底为止，上海还是向世界开放的国际城市，是亚洲的经济和文化中心。这座城市在西方拥有"东方的巴黎"的声誉。上海也因鸦片烟馆和高犯罪率而名声很坏。

1793 年，中国的皇帝乾隆，阻止了马戛尔尼率领的英国使团进京。奉英王乔治三世之命来中国的马戛尔尼想到北京设立使馆，便于通商；而乾隆皇帝认为中国什么也不缺，不需要与英国通商。半个世纪之后，大不列颠在 1840—1842 年进行了第一次鸦片战争，后来又与法国联盟进行了第二次鸦片战争，强行进入了中国。中国政府在军事上失败后不得不订立了条约，按其规定必须开放一系列港口，上海就是其中最重要也是最著名的一个。

这些从中国人的角度来说的"不平等条约"，允许英国人和美国人在上海有一个租界（英、美租界，后来是公共租界——译者注），还有一个"法国租界"。

1935 年时，公共租界报了户口的居民有一百一十四万九千（1 149 000）人，法租界报了户口的居民是四十九万八千（498 000）人。在这两个租界生活的外国人总共五万八千（58 000）人：英国人、法国人、美国人、俄国人、日本人、德国人，还有其他国籍者，在此与中国人住在一起。在"中国城"里还有二百零八万九千零七（2 089 007）个中国人和一万零一百二十五（10 125）个外国人。②与耀眼的财富一样可见的是难以想象的贫穷。社会的顶端是大班们，是经济界的大老板。中国的、欧洲的和美国的公司互为邻居。外国公司遇到冲突时可以根据自己国家的法律来解决，因此在公共租界和法租界各有其自己的法庭、警察、市政和海关机构。街道和港口建设，公共卫生和供水、供电、供煤气这些都由其市政管辖。

孟威廉到达时，中国正逢战乱。一方面是以蒋介石为首的国民党与共产党之间的斗争，另一方面是中国从 1937 年 7 月起进入全面抗日战争（1937—1945）阶段。日本早在 1915 年就利用建国不久的中华民国的虚弱，提出 21 条大范围的财政和领土上的要求，只不过最终实现的并不多。让中国人深感失望的是，日本人得到了第一次世界大战战败国德国所侵占的青岛，违反美国总统威尔逊所提的民族自决权。早在 1895 年台湾岛就已经被日本占领。到了1937 年，日本自认为强大到了足以控制中国。尽管蒋介石的国民党军队顽强抵抗，1937 年 11 月日本军队还是占据了上海。开始时日本军队只出现在公共租界的北部，1937 年底把今天苏州河以北地区即虹口区也占领了，那里大多数居民是中国人。日本人控制了港口和海关，以及邮政和电报系统。1938 年夏天，居住在上海的日本人几乎达到了 4 万。③

1930 年代后期，上海几乎没有任何有效的中国人的行政管理，包括可以执行的强迫签证制度。尽管中国的何凤山（1901—1997）领事在维也纳卖上海签证给绝望和轻信的想移民的犹太人，实际上他们到上海时签证并不必要④（作者这一说法有误——详见译者附于文后的文章）。欧洲来的难民在接下去的两三年里还可以不受阻碍地下船。没有当局机构来检验签证。居留许可、资产证明和入境费用是不必要的。"日本人那儿因为战事混乱，并没有护照和入境检查机构。进了海关，就是进了城。"⑤入境的唯一文件就是从欧洲到中国的船票。

大多数难民不知道在上海等待着他们的是什么。黄浦江的褐色江水发出腐臭的气味,人群、人力车、小贩、衣衫褴褛和肢体不全的乞讨者拥挤不堪,旁边却是锃亮的豪车,这一切都令他们不安。他们来自气候温和的欧洲,不习惯上海湿热的亚热带夏天和眼下湿冷的冬天。他们身上穿的和箱子里带的衣服,都很不合适。至于饮食,与家乡的习惯更是不同。大米、蔬菜、水果、很多鱼和带壳的动物,烹调方式还要重新学习,味道也必须让口舌和肠胃有习惯的过程。他们没法消化,还是想要煮土豆,却只能买到甜薯,要么在菜贩那儿与生姜搞错。

这些刚到的人,还容易感染上与家乡不一样的疾病。有个名叫戈托(Goto)的日本管事,自称为"犹太人的国王",犹太人只要稍有不慎违反禁令,就会被关进监狱。监狱卫生状态糟糕到不可思议,可能让人染上致命的高烧。医生和病人不得不适应西药缺乏或难以得到的现状。一些从德国逃难来的医生,在相邻的中国医生那里寻找本地的治疗方法和药品。但他们用的是未知的、不可理解的治疗法,就算能互相说明白,也常常不愿意把他们的药物告诉新来的竞争者。不同的医疗观念也造成误解,比如一个中国医生会劝阻年过40的妇女开刀,因为她这个年纪已经是无用之人了(这个说法只是作者的一面之词——译者注)。

大部分从欧洲来到上海的人,各个职业的都有,基于其个人禀赋,以各种方式进入了新的环境,从事着有些是有意义,有些是尚可以忍受的工作,或者只是等待那些在上海的国际援助组织的救济。还有一部分非犹太人,人数未知,作为犹太人的配偶也到了上海。这是集结了各式各样中欧社会阶层形成的小社会,用从德国来的无形的手,给虹口增添了文化景象。

多数难民是男性，有小老板、手工业者、知识分子、各种训练有素者。英语是上海经济界的语言，但是大多数难民从来没学过英语，一开始也没认识到为什么非要学英语不可。他们只是把这里当作短时间的停留之地，以后就会去另一个真正要去的移民目的地——巴勒斯坦、北美、南美、澳大利亚或者别的地方。每个人都随时准备离开，没有人愿意长时间留在此地，哪怕外滩的欢迎仪式、黄浦江边的建筑显然令人印象深刻：船只经过那儿时，先看见英国领事馆，还有英国大商行怡和洋行（Jardine Matheson Ltd.）、美国商行琼记洋行（Augustine Heard & Co.）、具有装饰艺术风格的中国银行，还有绿色铜房顶的沙逊大厦——里面有和平饭店，还有有着圆顶和新希腊外立面的汇丰银行，南边还有英国的上海总会。

接下来的半年里，有几千个从欧洲坐船到上海的逃亡者，他们被安排到虹口区，在苏州河的北边。1937 年以来，这个区在中国军队抵御日本的战斗中受损严重。住在这里，比很多外国人住的法租界便宜得多。那里的房子多是砖砌的平房，屋主希望新来的移民帮他们一起重修房屋。他们的希望没有落空。

在港口，新到的移民，由早就定居在上海的犹太人组织接待。上海已经有了两个犹太社区。从 1840 年起，即第一次鸦片战争之后，巴格达和印度来的所谓塞法迪犹太人作为商人到了上海。经济上他们很成功，一开始还做棉花和鸦片生意，后来，中国自己种植大量鸦片后，就转做茶叶生意以及房地产投机生意。最有名的商人家族有嘉道理、哈同、沙逊。19 世纪晚期，为逃脱大屠杀以及内战的阿什肯纳兹犹太人从俄罗斯来到中国寻求庇护。他们大多数落脚在北方、东北（哈尔滨），有些也到了上海。当哈尔滨在 1932 年被日本人占领后，那儿的阿什肯纳兹犹太人也来到上海，寻求安全的未来。德国和奥地利来的难民到达的时候，阿什肯纳兹犹太人还远远没有塞法迪犹太人那么有钱。从北方逃过来后，他们也得想办法立足。一般来说，短短几年里，他们就能达到这个目的。但是，他们永远也得不到一小群富有的塞法迪犹太人所拥有的受人尊敬的社会地位。⑧

塞法迪犹太人对从欧洲新来的难民照顾最多。他们拥有金钱，可以用来资助援助组织。⑦早在 1934 年，犹太商人就成立了援助德国、奥地利难民的委员会。一开始到达的很少几个难民，很快就融入了。在难民潮日渐汹涌猛烈时，1938 年 8 月 8 日又成立了新的援助组织"欧洲难民救济国际委员会"（International Committee for Granting Relief to European Refugees——IC），由 27 个各种国籍和信仰的捐助者出资。⑧没过多久，在 1938 年 10 月 19 日又成立了"上海欧洲犹太难民援助委员会"（Committee for the Assistance of European Jewish Refugees in Shanghai——CFA）。然而，要安置从 1938 年底到 1939 年初到达的几千个身无分文的难民，困难还是大得难以想象。援助组织一直在寻求外部资助，提供了资助的主要是美国联合分配委员会（American Joint Distribution Committee——JOINT 或者 JDC）。

"欧洲难民救济国际委员会——IC"的代表登记了每一个到达者，给他们出具了所谓的 IC 护照。这些文件在后来申请签证时被很多国家认可。IC 的工作人员为他们找住处、办英语学习班、介绍工作。他们募集捐助办了一个大食堂，每天要给 8 000 个人备餐。

那些没有收入、没有工作、没有任何人可以帮着拉他们一把的人，就先住进了所谓的救济宿舍。这是虹口区被炸的区域，从前的工厂和学校，到1939年为止，为难民们改造成了六个宿舍、两家医院。这些宿舍每个最多可住2 500个人。^㊴货车和人力车把难民送到了这里。

大多数人都试图尽快地从这种他们不习惯的拥挤状态里跑出来。这就要找到工作，随便什么工作都行，好挣到钱，租一间自己独用的房间。但早在1930年代中期，新来的人要找到工作就已经很难了，现在就更难。每个人都想找到工作，却没有当局的任何许可。不过找到职位的机会太小，概率如同中彩。^㊵不是只有从德国和俄国来的犹太难民到上海，还有很多中国难民从内地城市来到上海，另外还要加上从西方来的白俄，他们把从德国来的犹太难民看作商业和工作职位上的竞争对手。上海的白俄出版的一份报纸上——反犹的口号和文章，在欧洲战事还未开始时就已经汹涌而出。犹太人被诋毁为反基督教者和共产主义者，说他们是红色恐怖分子。

但是直到1940年之前，日本占领军却把犹太人口的增加看作好事。日本官员在德语翻译的陪同下，去虹口访问了难民，目的是要说服他们支持上海工部局的日本候选人。作为交换，日本人答应帮助他们还在德国的亲人来到上海。^㊶

1930年代末来到上海的大多数难民，原先是雇员、手工业者、小商人以及有特殊技能的自由职业者，他们在上海都找不到用武之地。而开店或做生意，一开始他们就失败于不会语言。对知识分子来说，这就更为艰难，只有很少几个能勉强做翻译谋生。

各国来的医生在上海很多，他们大多能得到其本国人的支持。而德国犹太医生在这一项上就难了。一方面上海的德国社群人数本来就很少，另一方面从1907年开始就一直有德国医生在行医。当年德国医生宝隆（1862—1909）用参加消灭义和团运动的德国军队留下的医疗设备建起了一所医院，就叫宝隆医院。第一次世界大战后美国人接手了此产业，后来成为著名的同济医院的主要部分，最后并入同济大学的医学部。一直有几个德国医学教授既教书又行医，满足了生活在上海的德国人的医疗需求。在远离德国 8 000 公里之外的东方，曾经在某些年里出现特殊的处境。早就在上海行医的德国医生和新来的犹太医生之间的那道鸿沟，深到出现了两个德国医学群体、两个德文医学杂志，一些医学机构并存。

有几个来自德国的犹太医生，得以将全套的诊所设备带到上海，并较为成功地开业行医，挣得生活费。犹太人群体中多数人会去看犹太医生，而上海的德国社群却避免去看犹太医生。他们之间的竞争还是很厉害的，㊷墙上的诊所招牌几乎都挂不下了。

德国法律人才是没有用的，熟练的手工业者比较好一些。一所培训工场建了起来，好让新来的难民学习各种手工技术，以便在上海找工作。每个人都要自己想办法，甚至在上海那些对于"白人"来说不寻常的职业，也得去做。妇女们有的发挥自己的裁剪缝纫的能力，也有的用烘焙技能做特别的面包，还有的售卖鸡蛋、家禽，或者给中国人当雇员。㊹

那么，我就到上海了……难民委员会，就是 IC，他们在船上就迎接了我们。先去海关大楼……在外滩附近的一所犹太教堂附近，我们做了登记！我到的时候还带着有 J 字母的德国护照。后来护照还在重庆㊸延长过。之后我们就上了敞篷的卡车，去收容院。我也不知道我父亲怎么认识的难民委员会的某个人，他给这人写了信。这人是上海的犹太富人，还是美国来的。我不知道，不管怎么样，我在那儿吃的那顿早餐……反正在家里我从没吃过那么丰盛的早餐。

还有，我父亲，还在弗莱堡时，有一个荷兰女病人，冯·伯格（von den Berg）太太——1935 年邀请我们姐弟三人去荷兰度假的那个。他当然也给她写了信。她就给我寄来了 300 英镑。邮件都在难民委员会里。也是在那里，我得到了汇款 300 英镑的信件。那个年头这可是很多钱。这样我就不必依靠难民委员会了。我跟两个奥地利人一起租了一间房，是顶楼的房间，在一栋巨大的别墅里。里面恰好能放下两张床。他们俩一个是格拉茨（Graz）人，一个是维也纳来的。我也不明白为什么我的朋友都是奥地利人……大概，我来自德国南部，跟柏林相比有点儿优势……反正我有了跟人合住的房间，就在上海的法租界。其实，如果跟现在来比的话，那也不能叫作房间……

现在我有点儿钱了，就想，我不应该浪费时光。不是有上海大学嘛！大学原本是美国传教士开办的，最早在江湾（上海的北面），日本侵略后大多被毁了，搬到了南京路（应该是指同济大学，抗战开始后就迁往内地了，在上海还留有一部分——译者注）。在船上，我偶然认识了一个讲师。他是中国人，是讲师还是教授，我也不清楚。他对我说，他会帮我，让我去找他。我就去找他了。然后我就修了两门课，化学工程和医学组织学。其实，跟我原来想要的和希望的是不一样的，我是想找到职位，当助手之类，而不是学生。这就与此无关了。组织学，我以前就懂一些，因为我在犹太医院⑧工作过三个月，就在病理学部。那会儿我就一直做切片和染色之类，看过的。当然一开始是很不简单的，因为我的英语……我会一点儿，但是不太够用。学生都是中国人。但是上课是用英语，教材也是英语，至少我学了英语了。

那就又要坐下来学习了，特别是化学工程，我至今还没有接触过，一点儿也不懂。这类内容应该是在技术专科高校里学的。但是，我还是学了。我就这样上大学了。

第三章　离开上海——去中国内地

中国两个政治派别，即共产党领导的共产主义者和执掌政权的国民党带领的国民党人，从 1936 年后基本达成一致，不再为内政纷争，而是在"统一战线"之下，一起抵抗日本的侵略，但双方互不信任。在所有的决策和行动中，双方都互相猜疑，帮助难民的救助组织也遇到这个问题。

上海的日本占领军承认法租界和公共租界是中立地区，暂时没有入侵。南京，中国国民政府的首都，1937 年底被占领上海后的日军入侵，他们大肆屠杀中国平民，被杀害者的人数估计有 20 万之多。中国国民政府不得不撤往内地，一开始撤到汉口。1938 年初夏日本人继续入侵中国中部，中部经济中心武汉也落入日本军队之手后，中国国民政府又继续撤退，到了重庆。重庆成为临时首都，陪都。

选择重庆，是因为其地理位置远在内地，在长江边。进入重庆的旱路要经过东面陡峭的高山——把日本人阻挡在远处。日本人要占领全中国，对中国人来说，对西方世界的观察家来说也一样，是不可想象的。大的工业企业和大学因此都从东边的沿海地区迁往中西部，不仅仅去重庆，也去四川省的成都，去云南省的昆明和贵州省的贵阳。所以成都附近就有了上海的同济大学（此处作者有误——译者注）；昆明有联大，即"西南联合大学"，它由原在北京的大学组成（应该是北京的北京大学、清华大学加上天津的南开大学——译者注）；在贵阳有上海医学院；长沙有"中国的耶鲁"（指湘雅医学院，原本就在长沙——译者注）。

此时，从东向西的铁路线已经在日本人的控制之下。1938年末，在北方，日本军队也占领了全部的海岸线和各省份，中国所有北部、中部和南部的经济中心。铁路沿线和航船线路都被日本人控制，因此给中国人造成了无法克服的补给运输困难。从沿海到内地的补给生命线不能用了。盐和粮食、工业品、矿产资源、机器和零配件、武器和弹药，都极为缺乏。工业被毁，很多企业被炸，国民政府不得不在没有了税收来源的情况下支撑财政。大饥荒开始在内陆蔓延，也几乎找不到急需的药品、医学仪器和救助人员。

交战的规模以及因此造成的中国大部分地区的灾难性处境，当年的孟威廉是不知道的。但是他看见并经历的上海街头的悲惨情境，对于欧洲人来说是不可想象的。他一点儿也不喜欢上海。又加上他在上海被迫无所事事，而他的目标——上大学学化学，没能做到，这都让他无法忍受。

　　这时发生的事情，对我的一生都是很关键的。我收到一封信，是一位叫兰道尔（Landauer）的医生写来的。他应该是，我觉得，古斯塔夫·兰道尔（Gustav Landauer）的孙子。⑩我在给我父亲的信里写了对我在上海的处境的极大不满。我父亲在1939年写来回信说"nihil humanum nihil alienum"（拉丁语：没有人是外国人）⑪。在曼海姆 Prinz-Wilhelm 大街，我们家对面的公寓里住着一位教授的夫人汉布格尔（Hamburger）。她在 Liselotte 高中教数学，有一个妹妹在美国的一个动物学院当讲师。她在那儿有个亲戚，有过很重要的遗传学发现，她去问了这亲戚，这个人认识埃里希·兰道尔（Erich Landauer）。

埃里希·兰道尔大约比孟威廉大十岁。他与他的中国太太在中国已经住了几年了，他的太太是个读了博士的化学家，在德国卡尔斯鲁厄上的学。他在中国，熟悉这里的政治处境。他知道中国内地人民的生存条件，知道人们缺少或根本没有粮食、药品和医疗。

这个兰道尔，他有很多关系。1935 年，他应该是在南京的卫生部工作。他在国联传染病防疫部工作，大概是叫这个名字，就是如今的 WHO。跟一队国联的人一起，他还到过延安。听说他在那儿还为（共产党的）四军（应该是八路军，新四军在南方，后同——译者注）建了康复站。新四军给他留下了深刻印象，尽管按照纪律他不应该去那里和延安的。

延安在陕西省，1937 到 1947 年间是共产党管辖的陕甘宁边区的首府。一支中国共产党的军队，在被国民党的军队"围剿"，被迫逃出南方的根据地，经过 1934—1935 年一年半艰苦卓绝的传奇性长征之后，损失惨重地到达这里。长征途中，他们不仅经过湍急的江河、高山和沼泽地，而且还要不断抵御国民党军队。只有十分之一的军队最终达到了北方。长征的幸存者在中华人民共和国里一直具有突出的地位。从南方到达北方延安的共产党军队，组成了"新四军"（应是八路军——译者注）。毛泽东和周恩来在长征途中确立了在中国共产党里的领导地位。

延安成了后来中华人民共和国的雏形。毛泽东和其他的长征参与者在这里发展出了其战略和战术。西方的一些观察家们早在延安就看到了人类社会未来的希望之光，不仅是为中国。美国和欧洲来访者中，包括美国记者斯诺（Edgar Snow）和史沫特莱（Agnes Smedley）以及英国化学家李约瑟（Joseph Needham）。他们在延安看到一种理想治国理念正在得到运行。他们在杂志和书籍里向西方热情高涨的广大读者报道了延安的生活，指出延安与腐败的蒋介石政府正好相反。在延安，所有人都一起过着贫穷的生活。官方是没有等级制度的。军队的高级官员和普通士兵几乎无法分辨。人们都住在窑洞里，一起忍饥受冻。共产党的领导乐于见到这类报道，欢迎这些人的来访。

这一地区被敌军团团包围。蒋介石估计中国共产党同意结成对抗日本的统一战线，仅仅是为了要消灭国民党。为此，蒋介石在1940年下令将国民党军队开进南方共产党军队占据的地区，以阻止共产党军队获得农地。因此给共产党根据地的粮食和药品的供应就中断了。共产党军队哪怕仅仅为了保障粮食供应，也必须要帮助农民种地。这样就出现了军队和农民互相帮助的情形：白天大家一起在地里劳动，晚上或夜间，农民得到军事训练，成为支持共产党军队的力量。以此方式，共产党的民兵出现了。⑱

　　兰道尔写信给我，说内地正在打仗，需要很多人，建议我去贵州省的贵阳，去那儿的红十字会。他太太住在上海，是中国人，也是化学家。他是在斯图加特工业大学上的大学，她是在卡尔斯鲁厄工业大学上的大学。他信上说，让我去他太太那儿。她跟我说："我送你去在上海的法国人办的震旦大学®的药物研究所，去跟那里的一位教授学习制作栓剂之类等等。"我就去了，也学了。后来他回到上海，就是兰道尔医生。

孟威廉在 1939 年时很年轻，才 23 岁。得到离开上海的机会对他很有吸引力。他想要继续在大学学习化学的计划，那个时候反正不能实现。即使是出于想要换换环境的考虑，他也会抓住这一机会。但是，他主要还是不愿意像大多数其他难民一样无所事事，仅仅等待着世事转变。孟威廉的目标是做一些有用的事：想办法！找到出路。眼下就是一条出路。

兰道尔也到了上海，到了他太太那儿。接着他对我说："怎么样，你打算如何？要不要跟我走？"我就回答："走，我跟你走！"兰道尔已经去过贵阳。他在那儿有所房子，就是中国常见的那种一半用木头一半用泥土造的房子，已经是很不错的了。现在的问题是，我怎么才能去贵阳？这事儿可不容易！从上海出去还不是最大的问题，但是怎么才能进入中国内地？要有签证才行，可是我在上海得不到中国签证。

兰道尔不知从哪儿给我弄了张证明，是中国医学会的证书，我就带上了。我的中文名字是按照上海话的发音翻译的：Mann 就成了孟，Wilhelm 就是威廉。按照普通话®发音，我的姓 Mann，应该写成"马"才对。但是上海话的孟读出来近似于德语的 Mann。我运气真好，不然我就被叫成一匹"马"了。

中国的姓氏很有限，单姓和两个字组成的复姓大概只有 500

个。只有名字，如今原则上是父母可以随便选择的，大多数由两个字组成，很少的情况由单字组成，才形成个性化的姓名。（西方情形正好相反，名字只能从有限的名单里选，姓是每家都很个性化的——译者注。）孟威廉是个很容易被人接受的姓名。一方面，外国人的中国名字总是要有接近其西文读音的字；另一方面，更重要的是，所选的中文字要有好的意义。姓——孟，是哲学大师孟子的孟，而名——威廉与德语的发音非常接近，而且还有强壮和正义的含义，结合起来，就是强大正义如孟子。

那么，我就有了一张纸条，没有签证。

我用一部分钱在外滩的汇丰银行，就是门口有两只大狮子的那家，买了中国内地用的旅行支票，其实后来根本不需要。我后来在红十字会是拿薪水的。我还买了铺盖——一床棉被，卷成一个卷，绑在一根棍子上。

因为兰道尔在边界（指沦陷区到国统区的边界）另一面有一辆救护车，所以我可以带上箱子。口粮不需要带，路上总有办法弄到一些吃的。街上有汤面或炒面，味道很好，但是油太多，弄得我拉肚子。

接着，1939年秋天，9月底，是在中国湿润的热带地区旅行的好时候，我们就一起向着浙江省的宁波出发了。乘船，几个钟头，横穿杭州湾，过了边界线，向着中国内地，进了浙江省。一路乱哄哄，满是叫喊声，大家拥挤着，争先恐后。难民带着行李、婴儿、孩童、铺盖，背着黄铜水盆，步行、坐人力车或乘车行进着。我在边检处把纸条交了出去。一片拥挤混乱中，根本没人注意我是不是外国人，我就通过了。但是兰道尔当然清楚，我不能在旅馆过夜。因为会有宪兵来检查，他们只看护照。所以他把我弄进了一家医院，他认得那个医生，我就在医院里睡了一夜。早上查房，有一个医生是个犹太人。他问我："你怎么了？"我就跟他说了为什么在此过夜。他当然不太高兴。我不得不离开了。不过，兰道尔已经知道，他早就站在门口等了。到了宁波，他认识一个德国人，不算是船长啦，他有一条小货船。他跟他讲好，让我睡在这条船上。要是我被宪兵发现，肯定就立即把我送回上海了。

一大早他来了，这个兰道尔。他是为红十字会从上海带着中国护士出来的。我肯定，兰道尔会把每个愿意来的人都带上。但是，没有人愿意。我在上海认识好多犹太医生。但是我得到的印象是，他们情愿在上海开诊所，也不愿意冒险去内地。很多人也是拖家带口，事情就麻烦多了。

然后我们就乘船沿奉化江而上，直到源头，接着坐车去往金华。金华那时候是浙江省的首府。浙江红十字会总部在金华。兰道尔把护士们送到了那里。那里的红十字会主任是何医生。兰道尔跟他是朋友。他在德国上的大学，因此德语说得很流利。他说，"我给你开一张证明"。上面写着，我是去贵阳参加红十字会工作的；还有我的一张漂亮照片。兰道尔当然知道，对于宪兵来说，这是不够的。

兰道尔在那里有一辆汽车，是救护车。这是带遮篷的半货车。上面用中文和英文写着"国际联盟防疫队"。他还有内政部给他的证明，以便所有机关单位给予他全力帮助。我因此总坐在车子的里面，躲在遮篷下面。有事的话，他们也都是在前面检查。只有一次，也是在浙江，我们在一家旅馆过夜，遇上了麻烦。警察不同意。警察才不管什么医学助手还是什么。他们要图章。不过，老天保佑，兰道尔认识在金华的省长。他跟他通了话，省长下令：别管了！此后，我们再也没有碰到过类似的事情。我们有铺盖，两条被子以及枕头。我们是用油纸把铺盖包起来的。因为卫生系统的人都认识我们，我们就在他们办公室的地上过夜。

从金华开始，他们沿着金衢盆地走，经过兰溪和山区到达下一个省，即江西省，到那里的南城。在南城，兰道尔和孟威廉在1932年建立的天主教传教所过的夜。接下去走吉安山区，他们住在那儿的卫生部。他们从吉安经过罗霄山脉到达湖南省，继续走到郴州，然后翻过山到衡阳。在农村地区，他们见到了令人可怕的贫穷。人们都饿得半死，衣不蔽体，浑身长疮。农民一无所有，无法养活孩子。所以父母不得不卖儿卖女，给自己也给孩子找条生路。孟威廉一路上看见的一队队背夫，都是孩子组成的。

忽然间我就得了疟疾，发了可怕的高烧。不过兰道尔带着奎宁，给我服用了不少。汗出得几乎从床上往下滴。这时宪兵又来了。他们似乎起了点儿同情心，见我病得厉害，就什么也没往下问。

从衡阳开始就是陡峭而泥泞的山路，随后我们进入贵州省境内。我们就这样到了贵阳。整个行程用了14天。那在当时是非常非常快的！

第四章 贵阳——图云关的中国红十字会

1939年10月7日，经过3000公里长的旅途，两个人到达了贵州省首府贵阳。贵阳位于海拔1000米的高原之上，在群山环绕之中。这是一座古城，是1283年元朝时作为军事要塞修建的。当孟威廉到达那里时，这座古城还有城墙，他还能在城墙上散步。他从城门进入古城，城门上刷着抗日的标语。有一首民谣形容贵阳，在中国老百姓中流传很广：

天无三日晴，

地无三尺平，

人无三分银。

夏季又湿又热，天空永远阴沉。冬天又干又冷，人们得穿上棉大衣御寒。地很不好走，人穷得一塌糊涂。房子多数是两层——竹编席子糊上泥巴做的墙，草做的屋顶。底层，朝向街道的那面是商店或者小工场间。顺楼梯而上的楼上，是睡觉的地方。

从1937年开始，很多人为了躲避日本军队，从东部沿海地区的经济和研究机构逃到这座城市。著名的上海医学院连同其学生都搬到了贵阳。

贵阳的意思是，宝贵的太阳。这里叫这样的名字不是没有理由的。天气总是下雨，应该带上胶鞋才好。从南中国海往内，这里是第一处高地，从海上过来的云，到贵阳就成了雨水落了下来，风景因此非常美丽。山都是石灰岩的，看起来像是糖做的。不过，那上面真的长不了什么东西。

贵阳的大部分已经被烧毁了。日本人对这里进行了大轰炸。我说的是，那纯粹是恐怖袭击大轰炸，因为这里只住着老百姓。可以设想一下，给城里扔进几个炸弹，就如同是扔进去引爆物啊！人们都害怕极了。警报每个月会有一次吧！日本人轰炸的主要是重庆。

一开始我住在兰道尔在贵阳的房子里。那是一所带纸拉门的小房子。夜里，守夜人走来走去，敲着竹管报时。之后，兰道尔把我带到红十字会，他和那里的负责人很熟。

中国红十字会在去衡阳的路上，在贵阳以南6里。这个地方名叫图云关。

1938年中国红十字会在长沙时有一个救护总队，是在湖南省成立的。从这年起，由林可胜（1897—1969）担任秘书长，他的英文名是 Robert K. S. Lim。他是个充满活力，反应敏捷，在艺术和科学上很有天赋的人。他来自新加坡，8岁就被父亲送到爱丁堡读书了。第一次世界大战中他自愿参军，培训了印度新兵。他在爱丁堡念了医学，在那儿成了教授，讲授医学组织学。回到中国后，他在著名的北京协和医学院[51]，首次教授西方生理学。

林可胜动用了他的全部能量，在中国和国外招募医学人士自愿来参军。这些人员具有极高的积极性。这些人中有的曾经在东南沿海的著名机构工作过，还有很多爱国学生和华侨，还有一个由西方的外国人组成的小组，很有能力。工业中心武汉被日军占领后，林可胜在 1939 年 3 月将救护队转移到了贵阳。

在抗日战争爆发时，他自愿到了贵阳，在那里组建中国红十字会。北京协和医学院（PUMC）的很多医生和护士都跟随他来到这里。对，这是最大一部分人的来源。有些同人来自上海的同济大学。比如土开源，在德国柏林上的大学，他告诉我说，他是个运动员，还参加过 BSC（Hertha BSC，柏林体育俱乐部——译者注），是柏林足球俱乐部的球迷。有些人原来在上海医学院工作。有几个华侨，从印尼或者新加坡回到家乡来保卫祖国。交流语言当然就是英语。很多人无法用中文交流，因为他们讲的都是方言。

救护总队在图云关建了很多茅草盖顶的小屋。关隘上有一座石头的警察所。红十字会救护总队的那些小房子都在大街中段的路边。关隘下面，一个山谷里，还有更多的两层楼的“房子”。培养护士和卫生员的学校坐落在那里，实验室的工作人员也住在那里。此外，还有一所军医院——第 167 基地医院，它同时也作为学校的实习医院。

我们得走过一条路，走下山谷，应该说是石头的羊肠小道，农民牵着毛驴走出来的路，然后经过城的南门，才能进到贵阳城里。

开始时，孟威廉穿的是红十字会的蓝色制服。1942 年起，中国军队得到美军的积极支援，孟威廉就穿上了卡其色的卫生队制服。起初他的级别是少校，后来就成了中校。他领的薪水是中国货币，每个月 120 元。他还有一本红十字会签发的证件，证明他属于救护总队卫生学校。为此他必须每 14 天去一次贵阳的警察局，延长居留证。

> 这事儿不难，一杯茶的工夫，我就拿到盖了章的证件。后来我又得到一本重庆的中国国防部的证件。因为 1941[②] 年以后，我其实已经属于敌国的人了，所以这是很难获得的证件。

中国红十字会的大院里还有一个大仓库，部分是泥土房子，部分是在周围的山洞里，以防备日本的袭击。外国捐赠来的绷带、药品、器械都储存在那里，需要时继续运往其他地区。为此，这里建有一个大的车队。

还有一家小工厂生产一些疫苗，比如预防疟疾和伤寒症的疫苗，当然也有狂犬病疫苗。孟威廉说，所有的工作人员每年都要打疟疾和伤寒的疫苗。另外，还有一个骨科车间生产假肢。

医院能接纳 1000 个人，专收军队人员，不收平民。平民可以去贵阳城里红十字会办的综合医院接受治疗。那里还有一个肺结核病区，1941 年开始由美国医生负责。这个大机构的工作人员来自各个省份和国家。孟威廉回忆说，包括护士、司机和管理人员在内总共有几百个人。中国是不缺人的。

这里的医学人才是高水平的。孟威廉在这个贫穷的大西南，遇到了很多中国的顶尖人才。他们来自这个国家最好的机构。很多人曾留学西方国家，后来在北京和上海著名的研究所和大学工作。这是孟威廉原先没想到的。

此外，那里还有 30 来个外国医生，他们很受国民政府的关注。孟威廉说，有一个特殊的机构在管理和监视这些西方人士。军队的卫生机构里，两个政治阵营的人都有，这是众所周知的，即既有蒋介石的国民党方面的人，也有毛泽东共产党方面的人。

在国共形成抗日统一战线的情况下，蒋介石为首的国民党仍对共产党人极为不信任。孟威廉相信，就是因为这个原因，红十字会的活动才被局限于长江以南的国民党控制地区，只有这些地区才建了医院。到长江以北的洛阳建一个点的计划，进入共产党所占地区，从未得到准许。

我刚到的时候，大概 1939 年 10 月，还有一队医生也同时到达了，肯定超过 20 个人，其中大部分参加过西班牙内战，当然是站在国际旅的这一边参战，也就是反对佛朗哥的。国际旅不得不撤回后，他们在居尔，在靠近比利牛斯山的地方，被法国人拘禁。他们不知从哪里听说中国需要医生，就自愿报名，从集中营里出来了。然后他们通过伦敦的"中国卫生委员会"或是通过孙中山的夫人宋庆龄女士的保卫中国同盟到达香港，来到中国。

他们来自德国、奥地利、匈牙利、波兰、罗马尼亚、保加利亚。所有人都是共产党员。他们是经过香港和孙夫人的保卫中国同盟的同意来的。③

据我的记忆，他们当中有德国教授顾泰尔医生（Prof. Carl Coutelle）、白乐夫医生（Dr. Rolf Becker）、贝尔医生（Dr. Herber Bär）、王道医生（Dr. Wantoch），奥地利的严裴德医生（Dr. Fritz Jensen, alias Friedrich Alber Jerusalem）、肯德

医生（Dr. Kent），波兰的傅拉托医生（Dr. Mojzesz Stanilaw Flatow）、戎格曼医生（Dr. Wolf Jungermann-Jungery）、甘理安医生（Dr. Jane Kaminiecki）及其夫人——医学技术助理甘曼尼（Manja Kaminiecki）、陶维德医生（Dr. Wiktor Taubenfliegel），捷克的纪瑞德医生（Dr. Friedrich Kisch）、柯理格医生（Dr. Frantisek Kriegel），还有匈牙利的沈恩医生（Dr. Schon，后来他称自己 Somogy），保加利亚的甘杨道医生（Dr. Janto Canetti），罗马尼亚的柯让道医生（Dr. Kranzdorf）和杨固医生（Dr. Janku），法国的 Wolokin（没能查到这位法国医生的中文名——译者注）医生。珍珠港事件（1941 年 12 月）后，有一个从美国来的 Adele Cohn（未能查到中文名——译者注）医生。还有一个德国医生孟乐克（Dr. Manlock），在巴塞尔上的大学，是直接从香港来的。㉞

这些医生在居尔集中营报名来中国，是以顾问身份去中国各个部队参加抗日的。1939 年 8 月 12 日，他们离开法国，从马赛出发去香港，孙夫人迎接了他们。医生们的正式代表傅拉托，也是共产党组织法国教育联盟（UEF——Union des Etudiants Francais）的代表。他显然很为中国共产党的理想而激动，很想参加新四军。通过孙夫人的介绍，他联系上了周恩来——当时是共产党在重庆国民政府的代表。据说当时傅拉托问了周恩来，作为医生如何才能更多地参与到中国共产党的工作中。周恩来回答说："更好地治疗你们那儿的伤病员——我们都是中国人！"周恩来建议傅拉托去图云关的红十字会。傅拉托一直担任外国医生团队的发言人，有自己的办公室。

此外，我们还有一个加尔各答来的英国女医生高田宜（Dr. Guy Courthey），来自著名的微生物研究所——Haffkine 研究所。最重要的是，她带来一台显微镜。她因为患脑膜炎过早离世了，我们把她按照中国风俗，遵照风水原则埋葬在我们的附近了。

极为复杂的风水规则，孟威廉和同事们是根本不懂的。他们的中国同事，有几个是在西方留学和生活过的，坚持说要遵循规则。附近专业的风水师，是这些西方医生不愿意请也请不起的。他们只能依靠中国同事的意见。他们费尽全力向这些西方人解释他们的传统的相对主义的世界观，世界上的东西互相都是有联系的，是互相影响的。结果就是上面是天，下面是地，中间是人及其命运，都在互相影响。人就应该努力保持相互影响，起正面作用，对死者和活着的人都一样。在家里和在外面选墓地时注意风水，就能把恶意的鬼神阻挡住，就能让死者的亲友——这里当然是她的同事们，远离病痛、早逝、贫穷和饥饿。

因此，为这位中文名叫高田宜的英国女医生，按照风水规矩选择了墓地——在一座小山上，面朝南方。朝东和朝西两面，同事们筑起了矮墙挡风，防止墓地下面进水，起到保护遗体的作用。是否按乡间习俗给土地爷敬了酒，孟威廉不记得了。女医生的墓地经过内战和"文革"仍然完好，至今还在图云关上；她的同事的墓也大都完好无损。

欧洲来的医生在到达这里两年之后，也就是 1941 年 12 月 7 日珍珠港事件之后，一位美国女医生来到贵阳加入了团队，她的职责主要是照顾综合医院里的肺结核病人。

第五章　图云关——教书和工作

孟威廉在 1939 年写给他在英国的姐姐的信里说，11 月 1 日起，他作为"化学家"为红十字会工作。他姐姐此后提出想要到中国来，他却劝她不要来，说他自己还需要适应。在一封信里，他写出了他的疑虑："我劝你别来中国，因为我不知道你在这儿能做什么，特别是作为学历史的人，而且是女孩儿。两个都是麻烦……"孟威廉在发往国外的信里不用德文，而用英文，如此他相信容易通过检查。国民政府的邮政当局肯定要查内容的，不用英文的话，等他们找到能读德文的人很费功夫，或者找不到，就会把信销毁。

他自己能在这个环境里做什么工作呢？孟威廉 23 岁，对化学发展的各种可能性很感兴趣。他最喜欢的是有机化学的实际应用，有机化学的"烹调书"，就是德国出版的加特曼-威兰（Gattermann-Wieland）的教科书，都在他脑子里。他有在汉堡的以色列医院的实习经验，因此懂得医院的临床化学。

孟威廉专业上有足够的知识，也有强烈的兴趣和工作热情。他没有准备的是，他完全无法理解、不可想象的可怕的腐败程度，这是他不得不面对的。中国人以及美国人都有参与，而且利益丰厚。美国历史学家巴巴拉·塔奇曼（Babara Tuchman）写的关于美国史迪威（Stilwell）将军的专著，是有关美军在中国、缅甸和印度作战的重要著作。她写到了昆明的黑市，什么都有，药品能装满半吨的货车。艰困和贫穷令中国民众偷盗、贿赂。但是美军和美国空军成员以及红十字会成员，以及非军方人士都大量参与了非法生意。他们买卖黄金、药品、外汇、香烟、宝石和妇女，交易量达到几百万美金。⑤

　　我一开始在仓库工作，就是储藏药品和货物的地方。红十字会有大量药品，很现代的药品，比如不仅有简单的磺胺，而且还有磺胺胍（sulfaguanidine）和磺胺吡啶（Sulfapyridine）。这就很特殊了。一部分是从印度尼西亚来的，大部分是经过滇缅公路，然后从昆明用卡车运到红十字会的。红十字会有很多卡车。但是在昆明的黑市上，人们发现不少给红十字会的药品。要认出来是很容易的，因为有特别的颜色记号。这当然就是极大的丑闻。为此，红十字会也必须有所反应。为此，外国医生和我一起要对仓库的存量进行检查。我们很不情愿做此事，太烦琐了。本来就没有正规的清单，我们先把现有的清单查了一遍。一开始我就跟一个从昆明来的司机吵了起来。我要运输清单，要做查验。他先说"没有"，可当他察觉风向有变时，最终还是给我了。仓库里大部分东西都不在清单上。药品就在箱子里，但就是没在清单上。有些东西已经卖掉了，有些药品还在仓库，仓储部就有人想要卖掉。

　　我们就做了仓储清单。因为日本人空袭，仓库分散在山上。晚上有岗哨，但是哨兵手里只有中国军刀。深夜里我们去做检查，看看岗哨是否还在。我们只带了一条狗。他们一直喊："哪个？"我们就回答："我！"因为他们听得出我们的口音，知道我们是外国人，就没再继续问。

我有一间小小的实验室，要检验那些库存是否已过期，是否还能用。主要检验的就是漂白粉，因为我们总是以氯含量为标准来查的，这不难。我们还在实验室生产硫酸铜结晶。大结晶柱被锯开磨成小签子。那时候很多人患有沙眼病，小签子就是为此做的。给眼皮里面杀菌，肯定很灼疼。这都是为红十字会的眼科医生做的。

饥荒在民众中蔓延，就算有粮食，也是质量最差的。很多人出现了维生素缺乏症，结膜干燥和脚气病非常多见。为此孟威廉就常常被要求做维生素，实验室为治疗结膜炎制作了大量维生素 A。维生素 B1 是制作出来给脚气病患者用的。1940 年 1 月 22 日孟威廉写给他姐姐的信里，要她寄一本说明如何制作维生素的书来。

有些药品要检验其成分。曾经有一个耳鼻喉科的医生，他把一部分维生素胶囊倒空了，用插管弄出来的。腐败真是可怕得厉害！

医院和卫生员培训学校在 1942 年做了扩建，仍然附属于中国军队卫生学校，在这里培训军医和卫生员的化学、物理、生物化学和生理学知识。主管机构从红十字会换成了军队。结果是立即就有钱来了。医院和实验室之前的泥巴墙和茅草屋顶，让军队觉得不合时宜了。墙变成了砖墙，挡住了害虫和风。新的屋顶有了防雨的瓦片。所有这些现代化过程，也考虑到了传统的美学。屋檐的各个角是按照中国风格向上翘起的。实验室的新工作台，也由本地木匠上了一层亮漆。

孟威廉属于学校的专业人士，是从红十字会调到军方的卫生学校的。

> 我受聘于军方的卫生培训学校。这在当时的境况里可不容易。我是"敌方，敌对方的外国人"。中国已经与德国宣战了，所以他们不能通过重庆的中国国防部聘用我来教书，而是直接让学校聘我。一直要到战争快结束时，1945 年，要正规化，我才获得国防部的正式聘用，我这才得到了军队的工作证。

孟威廉负责全部的实验室工作，负责学生课程中的无机化学和生物化学。在当时的条件下，这并非仅仅是专业上的挑战，很多器材，用来进行化学分析、生理测量、制作无机化学制剂以及做必要的成分检测这种德国实验室必备的东西，在贵阳都没有，也弄不到。做实验用的特定试剂，也根本没有办法在贵阳找到。为此这特别需要人有组织能力、创造力和良好的自然科学知识，比如，用某一种功能的器械做另一种实验，或者因为缺少某种化学成分而用另一种来替代。

另外，顾泰尔医生（1898—1993）与他一起工作，减轻了很多工作的难度。顾泰尔的父母是胡格诺教徒，分别是德国和瑞士人，他本人 1930 年加入德国共产党。1933 年由于他的共产党员身份，被纳粹以《重修职业公务员法》为由，从汉堡 Barmbek 综合医院主治医生职位上解雇。他通过博士口语考试的弗莱堡大学——他也在该校读的大学，把他从博士候选人名单里去除，不让他继续读博士。顾泰尔紧接着就移民去了苏联，在莫斯科生理学研究所做了好几年助理。从 1937 年到 1939 年他加入了西班牙国际旅，在那里认识了女医生 Rosa Süßmann，并与她结婚。西班牙内战结束后，两人都进了法国南部的居尔拘留营，后来这里成为拘禁巴登和普法尔兹犹太人的集中营，这些犹太人后来被送进了奥斯维辛集中营。在居尔，顾泰尔响应了中国卫生救助委员会的号召，就这样来到贵阳；他太太逃亡去了英国。⑯

在贵阳，顾泰尔和孟威廉一起做的工作还包括给护士学校上生理学课程。那时两个人打算给护士学校的学生做著名的青蛙实验，以展示肌肉收缩，差一点儿就没做成，因为贵阳找不到青蛙。他们就拿蛇来代替，因为周边有足够多的蛇。高田宜医生从印度带来的显微镜，在她加入卫生队的时候，就已经被证明是宝贝了，现在拿来在课堂上施展各种用途。孟威廉和顾泰尔觉得可以给护士学校的学员们展示一下活体染色，他们有足够的亚甲蓝可用。他们用葡萄糖将之减为甲基白，在这个溶液里放进原生虫，再把原生虫放到水里，然后经过氧化又产生了亚甲蓝。用这个简单的方法，很容易就让神经变得可见，可以在显微镜下观察。

化学的课程组织工作，从根本上来说就很艰难：

> 我们没有电，没有水，没有煤气：这可怎么上化学课呢？我们有一个图书室，我在那里翻到一本杂志，名叫《化学教育》（*Chemical Education*，美国化学学会出版物［ACS publications］）。里面有这样的内容，介绍如何用半微观法做有机制剂。因此，我把所有东西都转为半微观方式。我们就做了。学生们反正是要做有机化学的东西的。后来我又在贵阳图书馆找到了英文版的《有机化学实践》一书。当然这是一本盗版书，原版书是没

人买得起的。我就把《有机化学实践》一书中的很多实验都用半微观法做了，又用英文写了一份实验室手册。又有人把手册翻译成了中文，我们就印了很多，发给学生了。

1943 年李约瑟教授来到贵阳，他是英国大使馆的科学随员。我把我们的这个半微观方法展示给他看。他特别感兴趣。他的德语说得很好，在弗莱堡跟过斯佩曼（Spemann）。他对我说，在中国内地，就应该这样子上化学和实验课！

他拿了一份我们的手册。他还送给我很多书籍。

从某些方面来说，这对我非常重要。因为，我大学没有上完。这也算是对我能力的一种证明。1961 年，我去英国看我母亲时，去牛津拜访了他。他还记得我，邀请我参加学院的晚餐。那令我印象非常深刻：教授们穿着长袍在楼上，底下长桌边是学生们，先做祷告；教授们拿起叉子之前，没人敢先动手。

李约瑟（Joseph Needham，1900—1995），生物化学家和胚胎学家，1943—1946 年在重庆担任中英科学合作办公室（Sino-British Science Cooperation）主任。他曾在弗莱堡大学动物学家汉斯·斯佩曼（Hans Spemann，1869—1941）手下工作，早在来重庆任职前就喜欢中国文化，特别是中国科学和技术。20 世纪 50 年代中期，他出版了《中国的科学与文明》（*Science and Civilisation in China*），一套四册关于中国科学史的百科全书。李约瑟与中国和西方的合作者一起，首次以他们多项中国科技史的研究引起了世人注意。

到那时为止，欧洲中心主义的历史描写，没有给予中国的观念

李约瑟，1944 年摄于福建永安。同行者一位是时任福建省气象局局长的石延汉（Shih Yen-Han），另一位也是气象学家。（图片使用得到英国剑桥李约瑟研究所的友情许可）

和实践以应有的重视。中国科技早在欧洲有相关的认识之前就有了记载，并传入了欧洲，而后人却不知道。

李约瑟首先被中国人的能力迷住了，就是中国人自己说的"想办法"。想办法就是当无路可走，或一种方法被证明行不通时，不放弃，而是去找出路。贵阳的科学家们在外界条件极为艰困的情况下，就是实践了这一信念。李约瑟在孟威廉的实验室里就欣喜地看到了证明。他做了记录，说在此地遇上了一个"good chemist"（好化学家）。

李约瑟在战争期间走访了几乎中国所有的非日占区的学校和实验室，调查中国科学处境，以促进战后的重建。在贵阳图云关他访问了一个星期，他的夫人多萝西（Dorothy）陪同，她也是生物化学家——也曾到德国求学于卡尔·洛曼（Karl Lohmann，1898—1978），1929 年三磷酸腺苷（ATP）的发现者，因此她也会说德语。李约瑟在日记里写下了以下几句：

"5 号，星期六，在 LCT 家早餐。与 LCT 一起去 Xray，紧急医疗服务培训学校（EMSTES，Emergency Medical Service Training School）的物理、化学部。"

李约瑟在中国的旅行，由一位年轻的中国化学家陪同，同时也作为他的翻译。其实有没有翻译对李约瑟而言不重要，他会很多语言，会说六门语言，而且说得很好。这位翻译主要是向他解释中国的风俗和习惯，他就是年轻的化学家曹天钦（1920—1995），后来孟威廉在上海的中科院生化研究所又遇到了他。

李约瑟的中文程度，用来与未曾到西方留学过的中国科学家们聊天是够用的。他记下了他们的愿望，并竭力为他们弄到科学书籍和科学技术杂志的微缩胶片。他还努力通过各种途径找到必需的器

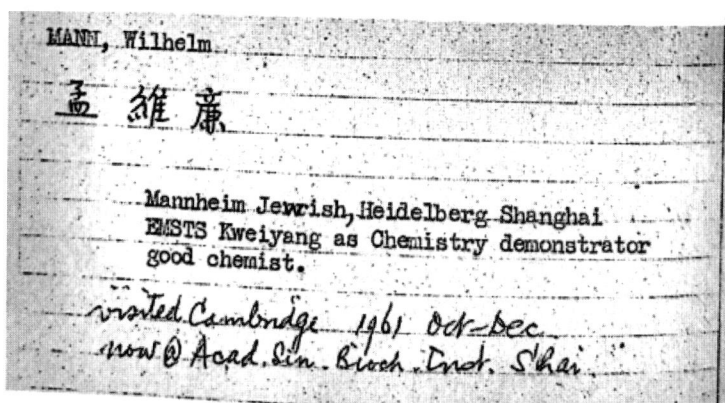

李约瑟的学术卡片，记录了 1943 年在贵阳遇到孟威廉，并在 1961 年他们在剑桥重逢时又追加了记录。（图片使用得到英国剑桥李约瑟研究所的友情许可）

械和原料。当经香港和越南的运输路线被封时，他亲自用螺旋桨飞机经过喜马拉雅山脉运送物品。他不仅用直接的谈话来鼓励科学家们，而且还在《自然》杂志上写文章，表达他对中国科学家们能力的崇拜：在那么艰难的条件下，用手头仅有的一点点物品还能做出有用的研究。[57]

我们不上课时，就一直在忙着想法子，这种环境状况下能做点儿什么。

所有的东西都是我们自己做的，玻璃（器材）、吸管、后面粘着方格纸的滴定管、脚架、铁架……都是自己做的。我们在实验桌上放了一只锅，里面不用煤气灯的火，而是用酒精点火。水蒸气消毒，我们用的是从医院拿来的旧乙醚罐，那盖子上面有两个口，每个口的塞子里都可以把玻璃管塞进去。

除了这个微生物实验室外，我们另外还有一个医院用的化验室。他们给了我们房间。医院很想尽量多地做检验，但是总是缺东西，要么缺酒精，要么缺甲醇，要么缺三氯醋酸或者钨……我们总是忙着找替代品。要查什么项目？比如残留氮、血糖、蛋白。

提取残留氮，我们应该用煤气炉，当然是没有的。我们就提取同样含氮的尿素，用大豆粉，这有足够多：大豆粉养在37°的水里，提取出来，就含有尿素酶。把血清跟大豆粉一起放在37°的水里，同时把风往里吹，是借助两个瓶子做到的，一个放在桌子上面装满水，水就流进下面的瓶子，把空气挤压出来了。

后来孟威廉在上海的助手张丽青，对他的经历做了简短而精确的评论："贵阳的生活很艰苦！他懂得那种生活，他熟悉中国的习惯。"⊗

这些医生和科学家们的生活不仅受到战争条件下的物资紧缺的限制，还有地区的特殊性，如气候。这些对外国人也是极大的负担。秋天还能忍受，冬天却又湿又冷。孟威廉的母亲从伦敦寄到贵阳来的手织毛线衫，就显得太有用了。孟威廉把毛衣穿在棉大衣里面。中国助手有时候会拿来铜盆，里面烧着炭火，用来在大屋子里取暖。这样就可以脱下很重的胶靴，暖暖双脚，因为一直在冰冷的泥泞的地里行走，两脚已经冻僵了。到处都是烂泥，因为一下雨就是十几天不停。在街上的泥地里走路简直像滑雪。夜里气温常常降到零度以下，冻得让人受不了，孟威廉最晚 9 点就赶紧躲到棉被里了。

1945 年 2 月 13 日他写信给姐姐，这次是写的德语：

> ……外面下雪了，到处都冷得要命，我的房间里也一样。实验室的试管里都结了冰，不管我怎么转它，里面都不流动。每天早上我要下很大的决心才能把被子掀开，从温暖的被窝里钻出来。平生第一次手上长了冻疮。我太羡慕你房间里有暖和的大壁炉了。我桌子底下只有几块炭火，好让手指不至于冻僵。

亚热带的太阳也让人受不了。孟威廉在另一封信里描述的那种倾盆大雨，一下就好几天，还伴随着令人无法忍受的暑热。不光欧洲人热得受不了，本地人也整天汗流浃背，人们只有到了晚上才有办法做点儿事情。在大雨天时，衣服和鞋子第二天就发霉了，卧室整个就像游泳池。

　　去衡阳的公路两边都是红十字会的房子，像军营，竹片编的墙，外面糊上一层石灰。房顶是草做的，因为不够密，下雨时就漏水。外面就用油布堵漏，再用脸盆接滴下的水。这种情况经常发生。房子挺大的，用木板做四分之三高的隔断，分隔成一间一间的单间，里面放木板做成的双层床。我躺在上铺的床上，就能看见隔壁房间。地板和天花板也是木头的。窗户尽管很大，但没有玻璃，糊上了白纸，外面还有一层白纱布用来防蚊子。但是纱布太旧了，没什么用。我们睡觉都罩着蚊帐。

　　虽然没有蝎子，但老鼠非常多，比猫还大，还有臭虫。臭虫都在木头缝隙里，我们把床拆开，用开水浇，可是也没用。我早上一睁开眼睛，往上看帐顶，黑黑的都是臭虫。老鼠在天花板边上跑来跑去，我们管这个叫作"打猎"。我们不能把任何吃的东西放在袋子里。我有一回把几颗花生忘在裤子口袋里了，第二天裤子就被老鼠咬了个洞。戎格曼医生，我的同屋，是个又壮又胖的波兰人，有一天夜里被老鼠咬了耳朵。这是很危险的，因为会感染鼠热和螺旋体病菌。不过我们还是拿他打趣，为什么老鼠偏偏咬了他。"我们住在牛棚里。"顾泰尔说。

　　就是啊，这样的卫生条件！那边是那么大的野战医院，当然一定要保证干净卫生，用漂白粉消毒。我有时候检查分析的是，里面是否有足够的氯。没毛病！只不过臭虫实在太多了，这是大毛病。到1941年底美国人来了之后，给了罐装的DDT，我们才解决了这个问题。这对我们来讲真的是奇迹啊！

电灯或煤油灯是没有的。我们就按照中国习惯，在一个小碟子内放入桐油和一根灯芯。屋子中间放一张桌子、四把椅子。木头箱子就是我们的书架。

在 1941 年写给父母的一封信里，孟威廉把处境描写得有些浪漫，好让母亲不要太担心：

我的房间里，一共住两个人，也就是说我们住得挺宽敞的。我们还用六只搬运箱做了一个书架，一个一个摞上去的，放满了医学书籍。另外还有四只搬运箱组成的柜子，是放换洗衣服的。墙上的一块木板用来放洗漱用品，还有一张桌子和三把椅子。这就是我们的全部家具了，当然不能忘了，还有床……

四年以后，即 1945 年，他还是无法向母亲报告说他居住条件能像在欧洲那样：

我已经忘记了一般的床是什么样子的。这儿的人都睡在木板上，铺上棉被就算是床垫了。这是很硬的，特别是不习惯的话。早上一般我都要把发麻的胳膊伸展一下。

孟威廉记忆里，贵阳的生活，哪怕是六十年之后，仍然清晰如在眼前：

大约晚上 7 点钟后，我们围坐在桌边看书。我看专业书——生理学和有机化学，有时候也看我们那里的政治书籍。必须保持安静，不能说话。红十字会在图云关有一个小图书馆。还有上海医学院也搬来贵阳了，我们常常去那儿的图书馆，他们的书比我们这儿多得多了。

自来水也是没有的。每天早上，服务人员给我们提来一大木桶的水，放在走廊里。每个人拿一个脸盆，一个挨着一个舀水、洗漱。

早餐，我们有粥和酱菜。只有钱用完的时候，我才去吃。我们的工资是红十字会付的中国币。红十字会上面，开了好多小饮食店。早上我们总是去那儿，吃油条，喝一杯豆浆，再加油豆腐，发酵过的，上面还有菌菇，把它浇到油条上，味道有点儿像奶酪。我们很爱吃。中午我们才下馆子吃饭。开始时是吃馒头，我以前在家时就不爱吃米饭。后来饭菜越来越贵，那是通货膨胀时期，我们就回食堂吃了。

我们因为中文说得太不好，很少跟当地居民接触。在餐馆里，每当我不知吃啥好的时候，我就进厨房指着想吃的东西。我们也常常去当地的市场买东西，也是用手指着。数字，我们是会说的。我们常下山进城里。这个城市有城墙围绕，可以走上墙头散步。有时候我们还下山去广东餐馆吃早点，贵阳城的"金龙饭店"的早餐特别好吃。有时候我们也穿过山里的路，沿着河边去一家茶馆，有绿茶、花生和葵花籽，还去那里游泳。

中国人总是警告我们，别走进山里去散步，那里有苗彝。汉人是很怕去那里的。但是我们就去了，根本没看到什么人，不过是偶尔会遇见马帮，都是小马。这总让我们觉得像是《一千零一夜》的场景，一队马帮从山间小路上翻山越岭而来。

这里全是山区。苗人对我们很客气，还请我们喝茶。9月的中秋节之前他们总是要跳舞的。男人吹着笛子，跳着舞，女人被围在里面。⑬我们一直都去的，每年一次，吃月饼的时候。那里还是母系社会，女人可以挑选男人，要是过了一年还没有孩子，女人就可以重新再选别的男人。苗人长得很矮，彝人很瘦。他们坐在山坡上唱歌，我们觉得这场景很美。秋天杜鹃花开时，一切都显得那么浪漫。

我们什么节日都过，政治的、宗教的，都一样。过节时，我们就下山进城，买鸡蛋、茅台酒⑭，装在汽油桶里，还有水牛肉。我们做牛肉汤、鸡蛋甜酒。我们然后再围坐在桌边和床上唱歌，唱德国民歌和西班牙内战的革命歌曲。我们中间有一个贝尔医生特别爱唱歌。有个秋天的晚上，天气已经很冷，我们身穿棉大衣坐着，贝尔医生给我们唱 Löwe 的《汤姆韵》(*Tom der Reimer*)。当他唱到"我不来自此世界，我是精灵女王"时，我们都忍不住笑出了声。贝尔医生感到很受伤，他说我们是"顽童"。他是我们中间最年长的，很活跃，看上去肯定是不像精灵女王的。贝尔医生是老柏林人，有一天从城里回来，特别激动，叫住我和孟乐克医生，说："嘿，小伙子，知道我碰到什么人了？一个柏林来的女子，叫厄纳（Erna），以前住在莱尔特（Lehrter）火车站。"她嫁给了一个中国医生，他在军医大学教书。

有时候我们也打牌，一种法国玩法"Belotte"。傅拉托医生是在巴黎索邦大学读的书，他总是说，"Bellote 是他的性命"。

　　输牌的人是要付钱的，等我们筹够了钱，就下山到城里的"金龙饭店"，吃广东点心，坐上好几个钟头……

　　我们也去看电影。不过要看电影，我们就得走六公里路进城，再走六公里回来。那里放映美国片子，也有一部分俄国片。

　　我们要么说德语，要么说英语，很少说法语。贵阳有一个法国传教团，还有一所教堂，就在市中心。他们都是维希政府的赞同者。教堂起的名字就是贝当。他们那儿有个人突然有一天来到我的实验室，说法语。我问他能不能讲英语，他说不会，但能说德语。这个人是法国的外国军团出身，萨尔地区人。他在山下传教团里，因为我们图云关有所医院，他们就让他来找我们了。我就把他送进了医院。傅拉托医生不是在索邦上的学嘛，他们那儿都在传了。这么着就上来了一个人打听这事儿。他听说那上面的红十字会，都是犹太人，共产党人！他就特地问是不是真的。傅拉托医生，波兰人，就站了起来，介绍自己："我的名字是 Moishe Shmuel Flatow（一听就知道是犹太名字——译者注）！"他就是这么说的，而且带有强调的意味。当然啦，那个法国人就走了。我们跟他们很少来往的。

　　有一天，一条狗跑到陶维德医生那儿，是条猎犬，只能听懂法语命令，大家给它起名"贝当"。它总是躺在走廊上，一副很有尊严的样子。老鼠在它鼻子底下窜来窜去，它根本不为所动。有一回它竟然被人绑架了，陶维德医生不得不出钱把它赎回来。另外还有一条狗，名字是勒基（Lucky）。我们管它叫"最后的骑士"，因为它总是送护士们回家。

　　我们有没有生过病？我一点儿也不记得。我有过一回疟疾复发，后来在医院做了正规治疗。牙疼我们倒是有过，医院里有一位牙医。此外嘛，就是胃疼之类的……不过，我还真是爱狗的。我的实验室里有一次来了一条狗，我就跟它说"哎，你可是条好狗啊"，它跳起来咬了我的手指。我赶快就去找外科医生，他立即给我做了清创。后来他们都跟我说，应该去找微生物学家。我去了。他对我说："把那狗带来！"我说："狗早就跑了！"他说："我现在就得给你打疫苗。"还好他们自制狂犬病疫苗，而且还是用福尔马林消毒的兔脑做的。他们有一个小工场，制作伤寒和霍乱的疫苗。我们每年都接种霍乱和伤寒疫苗。后来美国人来了以后，还有了斑疹伤寒疫苗。

这么一来我就打了 28 针，都在肚子上。后来我跟这个微生物学家就成了好朋友。他告诉我，我是头一个来把最后一针打完的。

中国国民革命军的卫生部大概算最不军事化的部门，孟威廉是这么认为的。他们是属于国民革命军卫生系统的军人，不过只有很小一部分军人能够享有足够的治疗。底层士兵的身体状况非常糟糕。

苦难开始于招兵的方式。军队一直需要新兵源。不是因为战争造成了减员，而仅仅是因为大量士兵营养缺乏，常常成为瘟疫的牺牲品。征召入伍等于判死刑。因此，只要有点儿钱，能弄到点儿值钱的东西，就花钱不服兵役。100 元中国钱，或者定期交出粮食，就够了。

美国将军、蒋介石身边的参谋长史迪威（Joseph W. Stilwell，1883—1946）记述道，征兵是把人从人家家里、从农地上硬抓来的，他们被绑在一起，没有粮食吃，被驱赶到好几天路程之外的训练营。

这些人在训练营集训短短的三周，就算成了士兵。要学习在战场上生存下来的技能，这么短时间是远远不够的。大多数中国士兵穿的是草鞋，五个人合用一床被子。要是谁弄丢一床棉被，就会被毒打。中国士兵的腰带上挂着两颗手榴弹，脖子上蓝色长袋子里装着米，这就是唯一的口粮。[61]

在驻扎的营地也没有哪怕是最简陋的卫生设施，更不要说厕所设备了。就算是军官，也对卫生设施与生病之间的关联毫无概念。挖茅坑并定期清理以及把水烧开，在他们看来毫无必要。他们觉得这是浪费。

士兵的津贴完全取决于司令官的心情。菲薄的津贴还在通货膨胀中失去了价值。仅有的津贴——每月平均16元到18元，还要扣掉一半作为饭钱。每天的饭食定量，就是25盎司米和用一点儿盐和辣椒粉腌制过的蔬菜，没有豆腐，没有油，没有肉，这样的饭食是无法让消瘦至极的人获得力气的。新鲜的蔬菜或水果基本是没有的。日本军队有计划地把他们经过的这些地区的所有农地都摧毁了。国民革命军的司令们也没有让人在自己的占领区播种任何东西，为了不留给有可能打回来的敌人。

很多士兵因营养不良得了腹泻和溃疡。孟威廉描述了当年那种军队不可言说的状况：

> 我记得士兵们是被怎么对待的，就是那些军队里最基层的士兵！如果看到有军队行进经过，就能发现部分人在拉痢疾，从他们的裤子上就看得出来。他们脚上穿的是草鞋，鞋底根本就不全，这使他们的脚受到损伤。在我看来，根据军队的基本

观念，我们根本就不用有什么卫生机构。我们有那么多人，多几个人、少几个人也无所谓。

有一次我们在路上发现一个士兵，伤口里已经长了蛆。但问题是，它们（公共医院）一直不愿意收病重的人。如果死得太多，医院的统计数字就难看了。我们把他送进了医院，可是之后他受到怎样的对待，我们就不知道了。

被送进红十字医院的士兵，如果痊愈了，就要被送回部队。那时整个医院里布满了军警。开溜的很多，没人会自愿回去。

第六章 "工合"——INDUSCO 倡议

中国经济的中心，在东南沿海，集中在上海周边，特别是上海、无锡和杭州的三角地带。这一地区靠近沿海，无论是从中原出来还是进入内地，交通运输都很方便，对日本侵略军来说也很容易占领。这也就是中日战争中日本人要把封锁这个地区作为目的的原因。早在 1938 年，日本人就控制了这一地区 80％的工业企业。

中国工业企业的 80％因此被迫停产。除了已经到了上海的难民和被炸毁了家园的上海人之外，又有几十万失业的产业工人逃难进入上海，来找工作并躲避日本人。

这种处境中，有几个爱国的中国人和理想主义的外国人，想到了一个方法，建立一条对抗日本人的经济战线。参与其中的有宋庆龄（孙中山夫人，1893—1981）、历史学家陈翰笙（1897—2004）、美国记者斯诺（Edgar Snow，1905—1972）以及夫人海伦（Helen Foster Snow，1907—1997），还有新西兰人路易·艾黎（Rewi Alley，1897—1987）。艾黎从 1927 年起就在上海生活。他的中文书写和交谈都特别好，还能写作中国诗。他在第一次世界大战中参加了法国军队，这使他一再从事慈善工作。他参与针对饥荒的工作，在慈善机构里帮助水灾难民，努力使底层中国人改善生存条件。在 1937 年日本人轰炸上海时，他离开了上海，向西进入中国内地。在长江边的汉口，他遇到了斯诺夫妇，想到了这样一个主意，即仅仅通过游击战抵抗日本人是不够的，工业和经济应该在战争期间运行才对。为了实现这个目的，就要建立"游击工业"。

为此，他们与美国人艾达·普鲁伊特（Ida Pruitt, 1888—1985）以及有共同理想的中国人胡愈之（1896—1986）一起，在1938 年成立中国工业合作社（INDUSCO），一年以后又成立了中国工合国际委员会（ICCIC），为中国工业合作社提供金融资助。INDUSCO 的中文名称工业合作社，简称"工合"，也在英文里被音译成 Gung Ho。这一组织被证明符合那句座右铭"有办法"，给予了人希望，就是人们总能在一片无望中找到出路。

尽管路易·艾黎是同情共产党的，但他也想要取得重庆的国民党政府的支持，并促使他们给予财政上的帮助。同时他也获得了全权委托，将战区的工业企业转移到远方的内地，或者在那里重新建立企业。一段时间里，国共两党都支持了他的倡议，双方都想要获得对这一活动的控制权。

"游击工业"的构想主要是，在被封锁地区组织小工厂和合作社。所需的设备非常简单，由轻型材料制作，易于转运，遇到紧急情况可以很快拆卸装箱运到别处，并重新组装开工。

开始的时候，合作社的规模很小，大约 20 到 30 个工人。他们必须十分节俭地工作，因为钱很少，原材料也很有限。现有的机器大多状况不好，都需要先维修才能用。只要一开工，却是什么日常用品都能生产出来，从卡车到手榴弹、头盔、机器、水泵、蒸汽机、炉子、锅、被子、棉纺织品，甚至化工品和药品。

这一倡议很快就传遍了中国。据《时代》（*Time*）杂志报道，

1940 年已有近 2 000 家企业，50 000 人在其中工作。⑫合作社在老百姓中众所周知，提供工作机会，给予专业知识，非常成功。获得的贷款都还清了。

中国国民政府最终受到人们怀疑的一个原因或许在于，他们虽然在 1937 年后有了抗日统一战线，但是仍然暗暗地进行打击中国共产党的战争。"工合"组织的创建者的左派自由主义观念是公开的，他们在全国范围的成功，令重庆的国民党政府害怕共产党渗透其中。1940/1941 年以后，"工合"组织几乎再也没有从陪都重庆拿到过钱。1942 年国民政府得知"工合"给共产党的军队生产被子和武器后，就完全停止了对"工合"的财政资助。

1940 年 3 月，兰道尔医生来跟我说，他不想继续为国联防疫部门工作了。他想离开，要做一些有用的事。他决定，为中国的"工合"组织工作。这个组织是左派的，与宋女士有关。"工合"要做的是接纳从日本占领区逃出来的难民，生产简单的日常所用的产品，比如肥皂之类。兰道尔想要在浙江省建一个实验室，研究日用化工品简单的生产方法。他问我，想不想一起干。我说，想干。跟红十字会商量了之后，我被借调半年。兰道尔和我坐班车去重庆，到了"工合"总部。

重庆，中国国民政府的战时陪都，在长江的上游、内地深处，相对比较安全。这里也涌入了数不清的难民和移民。部分房屋被炸毁，道路和街道泥泞肮脏。狭窄的街巷里臭气熏天，不仅垃圾堆在周边，而且到处可见大得吓人的老鼠。天天能见到浑身长疮的儿童。电力供应时断时续。不过跟单调的图云关相比，这里的生活还是有生机的。

在重庆有不少国际人士组成的社交圈，他们经常会面、聊天，交换新闻消息，比如，中国哪里发生了什么事情，欧洲怎么样，谁跟谁见了面等等。吃的也非常棒。

在内政部，我们得到了去浙江的通行证。去每个省都必须有特别的通行证。在那儿，我们还遇到了王安娜（Anna Wang）。⑤回到贵阳后，兰道尔立即去上海买化学品了。

我就在红十字会的实验室继续工作。突然我的小童带来了一张字条，是兰道尔送来的消息。看看他怎么说的："把你的行李打包，我们明天早上出发，进城（贵阳）的卡车一个小时后开。"我在半个小时之内赶紧收拾了东西，第二天坐上了从贵阳到浙江兰溪的班车，那里是工合在浙江的总部。

这儿我还碰到了戈特利布（Gottlieb）先生，难民，从上海来。他是汽油马达工程师，格拉茨人。我们两人负责建这个实验室。实验室所在地选择了浙江省的碧湖（原文用的是pihu——译者注），是丽水附近的一个村子，离温州不远。我们就坐车去了这个村子。一开始我们住在一家旅店里，后来又搬到村外的一家农舍里，因为日本飞机经常来轰炸。在当地官方的帮助下，我们找了一个合适的地方建实验室——在林子里的一条小溪边，有足够人手帮忙。

在这一偏僻之处，孟威廉做好了长期居住的准备。他买了一条小狗，一种松狮犬，很喜欢这小家伙。刚开始时他觉得湿热的天气无法忍受，多走一步路都不愿意。夜里孟威廉躺在蚊帐里出汗，无法入睡，只能靠喝点儿酒才能睡一会儿。

　　　我们准备好了原材料，正打算开始建实验室，却被毫无理
　　由地取消了资助。那么，我就想知道，到底为什么！我就坐车
　　去了金华的兰溪。

　　这是孟威廉不得不独自踏上的第一个旅程，总的旅程长达
1500公里。背上背着铺盖，头上戴着太阳帽，脖子上围了一条毛
巾吸汗，包里装上了剃须刀，"为紧急情况准备的，因为你永远不
知道路上会遇到谁，得保持绅士形象"。孟威廉在一个雨天出发了。
先去丽水的汽车站，他在那儿买了去金华的汽车票，那是当时浙江
省的首府。

　　他到了车站，或者像他后来回忆时形容的，到了战场。这儿已
经挤得水泄不通了，根本就挤不到售票口去，怎么才能买到车票
啊！这时他在人群中发现了一个伤兵，是他以前认识的，就求他帮
忙买张车票。一刻钟后，他真的手里拿到了一张票。接着，他又挤
在人群当中等车。他的中文还很不够用，还远远不足以认出汽车上
的字。他就挨个儿问每一辆车，是不是去"金华"？终于他要乘的
汽车开过来了，孟威廉跟一大群人一起跑上去。他先把行李扔给那
个伤兵朋友，空出手来，才能够往车上挤，占到一个座位。除了一
次爆胎，一路上车都没停。他到了金华找不到旅馆，最终是红十字
会的一个熟人费了很大劲帮他找到了一个旅馆。到处客满。第二天
早上5点，他又坐火车去兰溪。

　　　在兰溪，他们只告诉我说，资助被取消了，但是不知道是

为什么。他们建议我去江西南部的赣州,那里是"工合"中国西南部中心。也许他们知道些情况。过几天有辆卡车要去那儿,可以带我走。我就上了路,一路走了好几天。

去遥远的,在另一个省的赣州,能搭上直达的车,真是幸运。这辆卡车是属于"工合"组织的,所以孟威廉可以搭乘,不用交钱,比乘公共长途汽车要舒服得多。长途汽车上人太多了,一个座位要挤两三人,几乎都无法呼吸,连司机都几乎被挤得坐不下来。

卡车在日出时分就出发了,驾驶室还有一个空位。那会儿天气还凉爽,孟威廉还有闲心享受他的最爱——看侦探小说。他甚至已经习惯了用看了多少页小说来衡量走了多少公里。不过,一大早8点钟,太阳的光线已经强到令人觉得驾驶室几乎就像桑拿间一样。他换到后面的货物空间——货箱上面,车行驶中带起的风吹干了汗水。在中国旅行常带棉布床单权当遮阳篷,人在下面也很舒服。路上的红色尘土,不一会儿就给所有东西盖上了厚厚一层。

抛锚好多回之后,他们终于在晚上9点到达了一个小地方。吃了晚饭,但找不到有空房间的旅馆,他们准备就睡在卡车车厢里了。找了很久,最后他们终于找到一间很小、没窗户且很脏的房间。第二天早上10点,他们又继续上路。抛锚了两次,方向盘也坏了一次,卡车终于到了南昌传教点。

1865年开始,中国内地到处都建有这类传教点。这种传教点的首要目的是,让当地人接受传教,从而皈依基督教。此外,他们给西方旅行者提供住宿和餐饮,并且给予新闻信息和旅行建议。孟威廉在这儿遇见了他半年前去贵阳路上认识的一个天主教神父。在1940年6月6日写给他姐姐艾琳的信中,他描写了具体场景:

088 - 有办法：孟威廉的中国回忆（1938—1966）

我到的时候正好是茶歇时间，马上被请进了餐厅，那儿有茶、三明治、面包和黄油在等着我。你可以想见，见到了这些久违的老朋友，我的胃是多么兴奋！外国人碰到一起，自然交换着各自最近的经历，公路状况，旅行的可能性，政治局势，正在做的工作情况，见到了谁，等等。在中国生活，人们半年不见，要说的话很多，根本不需要找话题、不必怕冷场。传教士们有了一台新的收音机：你不难猜到我们饭后干吗了⋯⋯这一夜我睡在了真正的床上。去睡觉的时候，我觉得自己像个演员一样，消失在幕布后面了⋯⋯

第二天早上，丰富的早餐之后，卡车继续开，抛锚两次。晚上车子开到了一个小地方——于都。快到9点时，孟威廉去敲了一个美国天主教神父的门，是他以前认识的。两人聊着天，喝着冰啤酒，坐到很晚。第二天卡车再上路，中午最热时分进了赣州。孟威廉去"工合"组织总部把自己收拾了一下。他冲了个澡，刮了胡子，就去见"工合"的领导了。⑯

他是个华侨，很客气。但是，他完全没法解释为什么建"工合"的钱被中断了。三天后，我就只好回去了。

这之后的旅程就更为艰难了，雨季开始了。大雨如注，不停地下。孟威廉决定坐火车回金华。最近的一个火车站离赣州有一天的路程。他一到那儿就发现，坐卧铺车去金华的售票处前，队伍排得见不到头。最后他想办法把名片给了车站工作人员，作为自己是公职人员的一个证明。人家因此把他叫进了车站办公室。这时孟威廉已经能够熟练地用中文表达自己的处境，因此他得到了一般要排几天队才能得到的：一张二等车厢卧铺车票。接下来的旅途给了他很久都没有过的满足：有床，还有餐车，更重要的是，有奢侈的、能冲水的厕所。

第二天早上，我就到了金华，在那儿去汽车站，坐汽车回了碧湖。汽车在路上趴窝三回，到距离目的地还差最后五公里的时候，完全动不了了。最后这段路就只能步行。⑥

戈特利布先生和我就只好等待。碧湖的景色很美，令我们十分享受，绿水从青山间流过。我们终于收到兰道尔从上海来的信，跟以往不同，信是用德语写的。我们之间写信从来都是用英文……一位在英国大使馆工作的认识兰道尔的记者告诉他，说他被控告是俄国人的间谍。记者从重庆来。

原因呢？1. 兰道尔从防疫部门转到现在的"工合"工作，就是他原本拿着优厚的美元薪水的呀，这就引起国民党怀疑了。2. 兰道尔弄丢了日记本，我肯定，里面没有说蒋介石什么好话。3. 兰道尔很同情新四军，在上海为他们招募了一些护士，将她们带到了吉安（江西省）红十字会……

我们收拾了东西，去了金华的红十字会。我向浙江红十字会的负责人何先生汇报了我们经历的事情，请他给我们建议。他说，我们应该去上海，弄清楚究竟怎么回事。幸好我有通行证和红十字会的工作证，所以出国统区进浙江不会有问题。我一到就去找兰道尔医生，可以想见他有多么沮丧。他觉得，本想为"斗败的狗"做点儿事，没想到还被狗咬了。史沫特莱®从重庆写信来说，目前的情况下帮不上忙……我就写信问贵阳，我是不是该回去。回复说是。

已经是 7 月了。我发高烧，跑东跑西，直到跑不动，才去了虹口的犹太医院。我躺在床上时，来了两个医生，做完检查，他们互相说是"危险性很大"（periculum magnum）。我说起过，我学了 7 年拉丁语。诊断是斑疹伤寒。血清值可以有不同解读。不管怎么说，我待了十天之后才出院。现在还有困难得多的问题。日本人已经占领了东部沿海的所有港口。怎么才能回贵阳呢？没有船了。兰道尔医生有个出人意料的主意。他认为我应该往北走，试一试到共产党占领区。他会给我一张毛的像。这当然不可能。我还必须有日本人要的通行证。我该如何上路呢？我就被困在上海了。可是我一点儿都不想待在上海，我就想回到红十字会去。我就等着，或许会出现一个机会。

接下来的这段时间，孟威廉深受打击。他不喜欢上海的生活，他一点儿也不愿意留在这儿。也有人邀请他去此地的药品公司工作，他谢绝了。他就想回贵阳。他的朋友兰道尔医生于 1940 年 12 月 17 日写给孟威廉姐姐的信里说他："他爱中国，完全适应各种新的非同一般的处境。他享受着他有幸能够经历的自由和冒险的生活。我们在一起度过很多时间，大多数都在旅途上。我想，只要他还觉得开心和喜欢，他就会留在中国。"

终于，在 9 月底 10 月初，有班船去福建沿海的某港口了。

第一艘开出的船，我没买到票。这对于我是很幸运的，因为这艘船被日本人占了。拿着红十字会的工作证，我都不知道会受到何种对待。我乘坐第二艘船离开了上海。我们有一个团队的人，红十字会在上海组织了一队护士，要送她们去贵阳的。其他人（船上）要么是去贵阳的，要么是去重庆的。我们在夜里离开上海，第二天早上到了一个海边渔村，距离福州不远。要去福州，就得走一整天的路。我没有多少行李，只有一个海员袋子，箱子被我留在金华了，肯定落到日本人手里了。现在我想，其实把实验室建在离沿海那么近的地方是不对的。晚上很晚，我们才到福州。住在哪里我已经记不起来了，记得去看了电影，放的是《蓝色天使》，打中文字幕的。我们下一个目的地是南平——闽江上游，很有名的风景胜地。船是平底的，因为河不深。我坐在船舱前面，看着两岸风景往后退去。我的女邻居是一个中国护士，北京协和医学院（协和医学院护士学校——译者注）毕业，说很流利的英语。她叫王苏珊，是上海人，要去贵阳的中心医院工作。

我们彼此熟悉起来。到了南平时，我们已经爱上了彼此。

在南平，我们不得不在一个旅馆住了好几天，一直住到找到去南昌的汽车。在南平，我注意到，旅馆前有岗哨，所有人都避开我，除了苏珊。在我们去南昌的半途休息时，苏珊问我，在南平时有没有发现什么异常。军警询问了整个团队的人，知不知道我的情况。一路上都有人跟着我。不过现在我不用担心了，没人跟着我了。

我想，这事儿肯定与对兰道尔的怀疑和指控有关。这也解释了为什么福州的一个医生向我提了那么多古怪的问题。

南昌有个红十字会的站点。在那儿，我们又用了好几天等待去衡阳（湖南省）的汽车。最后我们终于被带去了衡阳，搭货车，而且还是要付钱的。这样的乘客被称为"黄鱼"。这名称起源于上海，因为要是货车里还有空间，人们就把最便宜的鱼扔进去。这一路经过山区，是烂泥路。我们前面的一辆车翻下了山，一个士兵受了重伤。我们当时在一个小城附近，我进了城，找到一所医院。在我们的坚持下，他们派出了一辆救护车去了事故现场。

在我们照顾伤员的时候，汽车里很快挤进了很多乘客，没有位置给伤员了。我非常生气，要求他们赶快下车……我们一路顺利到了衡阳。衡阳很美丽，四周是山，看起来就像一幅中国山水画。湘江穿城而过，上面有一座大桥。

从衡阳出发，我们坐火车，经过大桥，去桂林，再前往去贵州方向上的柳州。那里有红十字会的站点。

我们不得不等很久，才等到有卡车开往贵阳。有一天我在桥上闲逛，发现有个人穿的似乎像英军的制服，裤子上好大一块油渍。等他靠近时，我认出他了，是贝尔先生，就是我们一直叫他老熊的那个人……他告诉我的第一件事是，他认得一家餐馆，有特别棒的烤乳猪。他比我早离开柳州。

几个星期后，这儿才有卡车去贵阳。这时候汽油已经很缺。我们的车用的是木炭和水。从柳州到贵阳，要克服海拔高度的巨大差距。每次到陡峭直上的地方，我们都得下车，跟着车走，有时还得推车，不然就没法上去。好几天以后，我们才到达贵阳。1940 年 12 月，路途总共用了差不多三个月后，我又回到了图云关的红十字会。

1940 年 9 月，日本与德国和意大利结盟。日本希望以此把英国从亚洲挤走，好达到在东亚称霸的目的。中国的东北、东南沿海及其重要的工业中心，已经被日本占领。乡村的农田和村庄已是一片焦土，城市里的房屋也是满目疮痍。中国死难者无数。

中国的西北，就是中国共产党的根据地，根本没有物资供给。

日本的军事指挥者想要用饿死的办法占领中国的西部，完全不给民众供应粮食、工业品和原料以及必需的零配件。

日本军队在南方，迫使法国殖民政权关闭重要的从河内进入中国的铁路线，建了日本据点以检查执行情况。

日本人要求英国人关闭从香港通往中国内地的线路，如果不关闭，将跟英国宣战。到 1940 年中，中缅公路就成了唯一的一条中国到入海口的线路。

接下来的一段时间，日本和美国的关系不断恶化。美国人越来越相信，必须得想办法帮助英国人和中国人打击日本的侵略——先通过提供物资和钱。当日本军队把印度支那也占据了之后，美国就对日本实行了完全的石油封锁。日本丧失了大部分的石油进口，储油量只够用很短的几个月，决定侵入东南亚的英国与荷兰殖民地，以期占据那里的原材料仓储。

第七章 太平洋战争

1941年12月，日本军队偷袭美国夏威夷的珍珠港，美军损失重大。美国总统罗斯福因此向日本宣战。中国方面将"太平洋战争"的爆发解释为一个良好转折。听到这一消息时，他们都欢呼起来，因为美国的参战意味着中国不再是独自抵抗日本人。这也意味着中国内部的斗争，也就是国民党和共产党之间的斗争，又重新出现。

当1941年太平洋战争刚爆发的时候，日本人进展巨大。我想说的是，香港两天就被占领了，新加坡14天就陷落，还有菲律宾——只要他们所到之处，都几乎没有遇到抵抗。在中国，中国人，怎么说呢，他们很恨英国人，这也是众所周知的。从另一方面来说，他们也知道，中国完全被隔绝了。因为唯一向外的通道要么是香港，要么是滇缅公路。我的意思是，从香港还是有可能一直弄进来东西的，因为日本人不可能到处守着。对日本人来说，中国还是太大了。

此前，美国还是谨守其原则，先参与欧洲战事，然后再以防御姿态在中国参战。直到珍珠港事件发生，美国才开始在战略上也在物资上帮助中国。中国军队接受美国训练。国民党军队得到美国方面提供的物资军需，如汽油、机械、武器、药品、粮食和服装。对很多中国士兵而言，此时他们才有了够吃的粮食、够穿的衣服，生病时也才有了医疗服务。

　　贵阳也有国民党军队驻扎。后来 1942 年美军来了，我们医院的二分之一就归属了美军。他们获得的是比较好的那一半住处，以前生产液体针剂的地方。那座房子造得很漂亮，不再是茅草屋顶，要有无菌环境嘛。他们全都新造了，改成有淋浴的。军官们的住房是分隔开的。一切都很随意。跟德国不一样，卫生救助队是独立单位，就像陆军或炮兵，但是完全分开的。我们所有人都拿到了新的卡其布军装。每件军服上都缝有写着名字等信息的布条，可以看出军衔高低。我的是黄颜色。⑰每个军人肯定都会对我不满，我从来就没有把风纪扣扣住过，也从来不戴军帽。

　　生活其实是舒服了。以前虽说也有电……后来从只有油灯，变成有了电灯。一辆老破卡车带着发电机，我们总是说，跟发疟疾似的，一会儿亮了，一会儿又暗了。美国人来了之后，我们才一直有电灯。我们住的兵营，总算是没有臭虫了。我们用 DDT 把它们都消灭了，简直像是个奇迹！我们也打了预防针，预防斑疹伤寒。几乎隔一天就放一次电影，先放每周简报，然后就是故事片。

　　医院的一半归了美军，就是机场的驻军。防瘟疫的事情他们不管……那是老百姓的事。贵阳城里有大医院管这事，叫中央医院。⑧我们经常下山去那里的图书馆看书。

我认得那里的病理学家。他在英国读的大学，有段时间在Charite（指柏林的夏里特医学院——译者注）跟着罗斯尔（Rössle），⑨很敬仰罗斯尔，也很喜欢柏林的病理学博物馆，是魏尔啸（Virchow）建立的……我跟他认识，是因为一个女朋友，她是那家医院的护士。她有个哥哥，是上海著名的妇科医生。他听说自己的妹妹跟一个外国人，一个犹太人交了朋友，就想办法把她调到重庆去了。可是她又回来了。但是，当时那种条件下，我也没办法和她结婚啊。

红十字会是军事单位，属于卫生部门下的一个单位。红十字会在城里有一个综合医院，是可以给老百姓看病的，比如治疗肺结核。但是，如果有人病了，病得很重，有运气的话，就会被送到我们这里的卫生中心来，接受治疗。贵阳也有一次霍乱疫情，应该是 1940 年或 1942 年吧。我们全都接种了疫苗，但是老百姓没有。

在中央医院里，腐败成风。我知道，因为我跟那里的护士长是朋友。她告诉我，外面躺着好多霍乱病人，得不到治疗。但是里面却有位置留给高级官员或军官的情人小妾。他们什么都办得到，只要他们愿意。如果他们的女人生了病，就一下能有两个房间，而那些应该进医院的人却躺在大街上……在山上，我们的红十字会那儿，当然不是这样的。

中国军队的军需供应和中国西南部的老百姓所需的粮食、药品、汽油和日常用品，全都仰仗滇缅公路。

滇缅公路施工

　　这条公路的长度接近 1 200 公里。从中国的昆明到当年缅甸的边界，在 1937 年和 1938 年之间，中日开战之后，是由 20 万缅甸和中国工人，包括妇女和孩子，艰难地用手在山石中砸挖出来的。

　　运输的起点是仰光，货物先储存在那里的仓库里。从那儿将货物搬上了火车，运往北方的腊戍，铁路路轨到此结束，接下去就将货物转到卡车上了，一路往高处盘旋而上，经过森林和山隘口，经过云南省，先到 1 200 公里外的昆明，然后再继续到贵阳和重庆。

　　行驶在三米宽的公路上，只有来回一条车道，卡车开得很慢。一部分卡车，特别是其上的货物，永远都到达不了目的地，其中有一个原因是中国司机嫌机油太贵，或者他们不知道还需机油。因此，公路边躺着几百辆烧坏了的卡车。还能用的货物和零件很快就消失了。一路上不断有检查哨拦住卡车征税，卡车因此要排很长的队。结果就是，每个月 30 000 吨运出的货物，只有 6 000 吨抵达目的地。[⑦]

　　1940 年 7 月，英国人屈服于日本压力，关闭了滇缅公路，但公路仅仅中断了三个月。一直到 1942 年日本完全占领缅甸，战胜了由美国史迪威将军领导的英军与中国国民革命军联合部队，滇缅公路才最终关闭。中国内地经过陆路获取补给供应的道路被掐断了。

　　在国民党控制区的中国大西南，仅仅剩有一条危险的空中桥梁，从加尔各答到昆明，能够运送进来很少的货物。飞行员们把这条飞行线路称作"驼峰"，因为运输机在 5 000 米山顶之上直至 7 000 米的高空飞行。飞机飞得很慢，没有抵御日本空中侵袭的保护，还要与能撕碎机身的空气乱流做斗争。他们不喜欢飞这条危险的航线。中国西南地区的物资供应因此只能维持最低需求。[⑦]

　　史迪威将军（1883—1946），中国驻印度军队的最高长官，坚

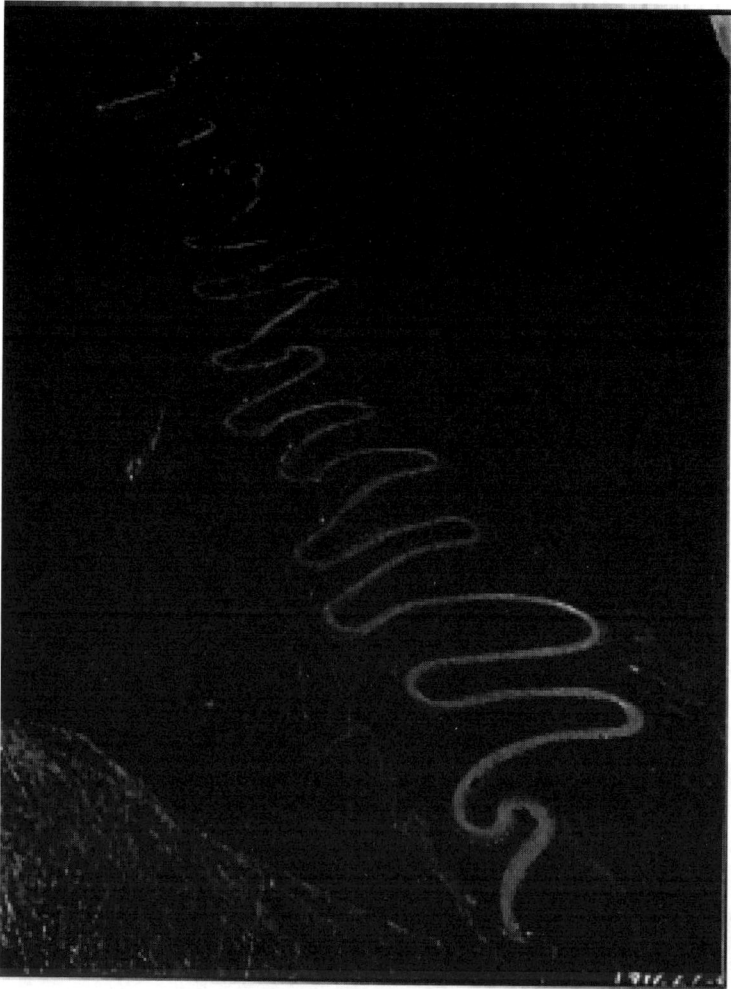

蜿蜒的滇缅公路

持要为夺回这条通往中国的公路以及夺回缅甸而战。他会说很好的中文，能够与普通士兵交流。他具有设身处地为人所想的天赋。他坚信他的计划能够实施，只要他有机会给中国士兵良好的训练、良好的装备和良好的营养。

但是史迪威不是外交官，也不是好政治家。他经常有不加控制的肆意恶评，这给他带来了"刻薄鬼"的外号。他公开表示对蒋介石不以为然，说重庆的政府管理无能，这里国民政府的腐败已经无法收拾；说蒋介石只肯出很少的力来抵抗日本人，这是让他无比愤怒的。

蒋介石的战略是让自己的军队休养生息，让美国承担战争的拖累，这样他好保存实力在战后对付共产党，以取得对全中国的掌控。他可不同意让史迪威将军来训练中国士兵。这些受过美军训练的士兵将来很可能不听他的指令，这一危险性很大。史迪威花了很大精力，克服重重困难，才得到进攻缅甸并使用中国军队的许可。

史迪威在兰姆伽，约在加尔各答以西 300 公里，建立了一个兵营，训练他的军队。1942 年秋天，那里已经有大约 8 000 名中国士兵。这些在第一次缅甸战役中幸存下来的人，大多数在体力上都筋疲力尽，消瘦不堪，很多患有疟疾和肠胃炎。他们都被虫子咬得体无完肤。

这种境况下最缺乏的是必要的医疗救助，首先缺乏医生和卫生院。1943 年 11 月 20 日，中国军队收到史迪威的电报，请求派出 8 到 10 个中国红十字会的外国医生去印度兰姆伽的野战医院。林可胜，图云关中国红十字会救护总队的总干事，为此在 1943 年 12 月先派了一个 10 人的医生团队去那里，1944 年又第二次派出 10 人团队，里面有不少就是参加过西班牙内战的国际旅成员、当时在图云关的孟威廉的好友。

孟威廉估计，他们不只是因为其医学能力被派去的。他们的反蒋介石、钦佩毛泽东的立场和理念，是众所周知的。因此，中国红十字会在重庆的中心很高兴用这种办法体面地甩掉了危险。

> 我的朋友顾泰尔告诉我：你，注意，想想你愿意带什么书。我们有可能会被关哦，蒋介石那里是会有这个可能的。因为医生们可都是共产党，这可是反共的机会。英国大使馆为此还抗议了，因为这些人可是伦敦驻中国卫生援助委员会派来的。拘留的事情这才没有发生。

> 缅甸有一支中国远征军。这个部队听命于史迪威将军。他们需要有中国经验的医生。他们医生不够，就向红十字会要。一部分医生就被派去了缅甸。他们派去的主要是德国、奥地利、波兰的医生。这是个把这些医生从国民党里赶走的机会。他们先被送到昆明，从那儿被用飞机送至加尔各答。他们穿着中国军服去的加尔各答：德国人、奥地利人，乘美国飞机。英国人怎么做的呢？完全无法理解。他们问，国籍？回答是，德国！但是德国是敌国，"敌对的外国人"啊！这大概远远超出了一个英国殖民地官员的理解力了。他们立即被送往一个旅馆，被关了禁闭，不过只关了大概一天吧。然后美国人来了。他们当然知道，他们是坐哪趟飞机来的，他们当然要这些医生。这就是10个医生的经历。

这个团队里就有德国医生贝尔、波兰医生傅拉托以及捷克医生柯理格，都是曾经一起在国际纵队的卫生部门工作过的。[72]此外奥地利人富德华（Walter Freudmann）、波兰人陶维德和捷克人纪瑞德也在其中，他们也是在西班牙参战过的。对孟威廉来说，特别遗憾的是，最好的朋友顾泰尔，他的"亲密的兄弟"，也被派去了印度，参加夺回缅甸的战争。

这些医生在印度的任务是很明确的，首先是要治疗并调养好兰姆伽野战医院里第一次缅甸战争中的伤员。还有从中国每天到达的400多个来训练的新兵，也必须首先吃饱养好，他们大多数人的身体状况很差。因为中国的军事首领们基本上不认为给士兵们提供足够粮食让他们吃饱是重要的事。原本为买粮食提供的钱，他们情愿装入自己的口袋里。新兵的军服也根本不够。送新兵的人知道，这些去仰光训练基地的新兵，反正美国人会给装备的。很多新兵在昆明衣不蔽体，多数只穿着短裤，就被塞进运输机了。在昆明的炎热中，这当然不算什么，但是飞机飞越5 000米高空的几个钟头，是多么寒冷啊。

兰姆伽的医疗服务机构给中国士兵接种了预防霍乱、伤寒和天花的疫苗。他们学习如何使用武器、如何在热带雨林中打仗和生存。他们的军官还要学习技术和战略。此外，红十字会的医生也给他们培训野战救护的医疗知识。让中国军官认识到这些艰难训练的意义和必要性，简直是不可能的事情。他们认识不到，为什么一个普通士兵要管另一个人的生命。中国唯一多的就是人，到处都是人。[73]

　　　贵阳红十字会的医生留下了一半，有几个被派去云南省的
　　　医院了。

孟威廉在后来的几年里一直在贵阳的图云关，他的好友们却不在。这种分离让他很痛苦，如同又一次失去了家庭温暖。最要紧的是，他想念家乡和亲人，没有人分担痛苦。在冬天写给姐姐的信里，他说：

……望出去，景色非常美丽，白雪皑皑。我开始写信时，雪又下了起来。我常常登上白色的山头，去看覆盖着白雪的松林。这让我回想起我们在黑森林滑雪的日子。这里的雪很好，对滑雪来说太湿了一些。我用手抓起雪，试了试，就像以前那样。我甚至可以告诉你该用什么蜡。但是，这雪是不一样的了。以前这会让我很高兴，现在却令我伤心。它令我想起我曾有过的经历，以及我所失去的东西。它也给我希望。有一天，希望不要太久，我能再见到它。也许是我的眼光不同了，这个人的眼睛看见他失去了的东西，会比以前更为感到它的珍贵。曾经拥有的，会让人经常去寻找。你知道吗，我对手心里握着的"喜欢"想了很多，我会比从前更容易感受和理解它。你可能会觉得，我是在想家，对，我是想家。不是你想的那样，我会想喝热可可茶，想吃美味的零食，或者想念坐在有暖气的屋子里。不是的，这些我都不怎么想念，都可以放弃，都不重要。但是你曾经穿过一座城，却不认识商店的招牌吗？看见报纸，却读不了一个字吗？经过书店，里面却找不到一本你读得懂的书吗？你肯定没有过。你曾经跟文化和教育背景完全不同的人在一起生活过吗？有很多书，你很想跟人分享，对你而言，这些书很重要，连你读书的时间也很重要，而对他们来说却没有意义。对他们而言，这些只是印了字的纸张，他们不认得，就像我不认得他们的字一样。你会想，我变得太敏感、忧郁了。不是的，我根本也不忧郁。但是你是我姐姐，我为什么要对你隐瞒我的感受呢！无论如何，不会等很久，我们就能重新见面的，这是我心怀的大希望。我写了这些怪怪的话，你别多心。有没有什么组织，能帮人回到欧洲？㉔

孟威廉留在了图云关，继续教无机化学、有机化学、临床化学。在寻找微观分析的特别方法上，他花了很多精力。在给父母的一封信里，他说了自己的愿望，就是要当一个好老师：

……我成了一个教师，当然不批改作业，也不惩罚学生，而是在实验室里。要教好课是很不容易的，必须要做很多准备，这是我自己的体会。有时候，我觉得一个学生就像一个来吃饭的客人，坐在桌边吃了十分钟，他不知道准备这顿饭要花多少时间。你得要仔细观察学生，才能知道他们遇到哪些难点，才能在下一次课上想办法帮他们解决。很多实验，自己觉得很简单，明白无误，做起来很开心，但是学生却认为无法理解，甚至非常无聊，强迫他们做的话，无法提高他们的兴趣。这个职业需要极大的耐心，不断重复讲解展示那些自己觉得简单的东西。但是关键在于要提高学生的兴趣，这是最难的，再加上还要设身处地从别人的角度去讲。要是成功了的话，就达到了最高标准，因为要是拿着说明书教自然科学，把教书的精神丢失，那有什么用呢？那只会导向兴趣消失。成功地教课是很难的，要花很大力气，但是一旦成功，就让人极为满足。⑯

上课是用英语，教科书也是英文的。很多课是动手示范性的。那时孟威廉还只会说一点儿中文。晚上他常常用计算尺、对数表和纸张，在书桌上计算数学题。他从图书馆借来数学书，他对逻辑感兴趣，这对他个人的化学研究有用。

那时日本人为了彰显其实力，一再强势进攻共产党远在北方的根据地。1941 到 1942 年，他们对共产党游击队实行"三光政策"。关于老百姓和游击队，毛泽东说人民和军队是水和鱼的关系。日本军队毁灭了一切：人、房屋、牲口、粮食和农具。农地里还在长的庄稼，被付之一炬。结果是大饥荒，饿死无数人。除了树皮和树根，人们根本找不到吃的东西。

长江以南，包括贵阳，人民却不至于挨饿。

> 我们那儿吃的东西足够，但不好吃。有一回，我们还罢工了。我们自己交钱吃饭。但是我们的钱总是拿到得很晚，结果就不值钱了。米饭是足够的。在贵阳城里，我也没有感觉到有饥荒。

贵阳紧靠着"粮仓"湖南。因为日本军队还没有侵入那里，农民们还可以耕种和收获。红十字会内部却悄悄地（防止老百姓的惊恐混乱）在传，日本人为了摧毁这一风水宝地，正在启用生化武器。也就是说，在湖南这个地方，现在爆发了以前从未有过的鼠疫。为此，1942 年贵阳的医生被派去了湖南。

　　我记得那应该是 1942 年。红十字会突然得到命令，要求派医生去湖南，因为那里爆发了鼠疫。现在我要加一句，在湖南，鼠疫并没有变成瘟疫流行。云南的鼠疫成了瘟疫，但湖南并没有。发生的事情是，日本人要么把老鼠，已经染上黑死病的老鼠，要么把跳蚤，从空中扔下。我认为，必须要说出来，因为这是一次早期的生物战争。

　　日本人用了生物武器毁灭中国。这种传言，在美军委托的专家去了日本并询问了日本的科学家后，被官方证实。他们了解到，日本研究者在中国东北，哈尔滨附近，在特殊的实验室里培养了细菌和病毒，是鼠疫、炭疽病和霍乱病毒，将它们用在中国战俘身上做可怕的人体试验，日本行话叫他们 murata，"圆木"。在臭名昭著的 731 部队，即日本关东军驻"满洲"第 731 防疫给水部队这个集中营，日本人实施了人的活体试验。日本医生在被俘的中国人身上做细菌实验。直到 1976 年尼克松时期才曝光：美国军方研究者接手了日本人的资料数据，特别是在马里兰州的德特里克堡军事基地化学战研究中心，为自己的军方用途继续了日本的研究。[⑮]

　　当 1944 年 6 月日军最终侵占了湖南省首府长沙时，贵阳的居民也感觉到了恐慌，怕自己也会遭受日军侵袭。

　　1944 年的时候，日本人又一次试图从武汉出发占领整个地区。因为蒋介石的部队完全精神涣散、毫无战力，我估计有三四个月，日军势头很猛。有一天早上，我从房间出来，看见中国士兵在挖战壕。我就问，出什么事了。结果人家告诉我，已经到了妇女儿童要撤退的时候了，所有我们能用的交通工

具，包括汽车，要跑远路，就是往重庆方向撤了。要是真的如
此，我们看样子就很可能要用双脚走着撤退了。因为我们已经
没有交通工具来运药品，它们都用来运送妇女儿童了。而装满
好药品的仓库，看来只能落入日本人手里了。我们再也找不出
汽车了。但是，下面的贵阳城里，汽车多得是。问题是，那些
车是用来运什么的。运的当然是香烟和酒这类东西，就是能卖
大钱的。运这些东西有汽车，我们却没有！我们唯一能做的就
是，把全部的食品，就是我们每个人自己存的东西，吃完——
有人有一头猪，有人有一大桶茅台。因为级别高的人，至少能
造起一所小木屋，有客厅、卧室和厨房，当然就有存货。他们
也都是自己做饭吃，很可能有厨子，这都不算什么。不管怎么
样，我们尽量把东西都吃光、喝光。不过后来证明，这样做没
有必要。

在缅甸对日军的战事，于 1945 年 8 月 16 日结束。那些被派往
缅甸的医生，有几个回到了贵阳。

美国人对他们说，他们应该自己提出战争结束后想干什么。
他们都说要回家，而"回家"是极其困难的。他们要回德国，得
先请示华盛顿，得到许可，才能飞回德国。这需要时间。有几个
人去了中国其他省份，接着为联合国善后救济总署（UNRRA——
United Nations Relief and Rehabilitation Administration）工作了，
也包括"解放区"，比如山东。联合国善后救济总署对毛泽东
和蒋介石一视同仁。有几个医生得以回到其祖国。傅拉托医
生，相当于整个团队的发言人，只回过贵阳一次，从那儿直接

回了其祖国波兰。他说："我马上可以当华沙动物园的园长
了。"在热带雨林里，他跟大象、老虎和蛇打了足够多的交
道了。

孟威廉也很想回德国。思乡之情一直伴随着他。当他在1945
年秋天通过伦敦的中国医疗援助委员会得到附加工资300英镑时，
他把钱存了起来，用于以后继续上大学。他觉得这些够他上两三年
大学了。他最希望回海德堡上学。他的父母活着走出了居尔集中
营，回到了曼海姆。孟威廉在1945年能重新与他们通信了。他在7
月份的信里写道：

> 我想回德国。我不同意母亲你的观点，认为我们失去了家
> 乡。不对，我们重新赢回了家乡。现在的情况下，从这里直接
> 回德国几乎是不可能的。我一直还希望，有机会完成我的学
> 业，虽然眼下非常艰难。

他在1946年5月写给姐姐艾琳的信里说：

> 我下了坚定的决心，要回德国，没人能阻拦我。你可能认
> 为我疯了还是怎么了，但是我就想要回去！我给你写过很多
> 次，我仍然感到自己是德国人，我要回德国，尽管那里已经是
> 一片废墟。你可能不理解我，但是我不想当外国人，我要说母
> 语，在我出生的地方生活……我很想回到海德堡继续学业。帮
> 我想想办法……你能帮我弄到海德堡读书的资料吗？……

孟威廉，摄于 1946 年

孟威廉在林可胜那里询问，能否帮他安排。他得到回复"战争在远东尚未结束"。孟威廉要回德国的要求就此被驳回了。

他的姐姐那时还住在伦敦，但是在为妇女辅助军做翻译的她有时也在德国工作。为了弟弟回德国的愿望，她立即行动起来，去海德堡拜访雅斯贝斯教授，请求他的帮助。她告诉弟弟，他叫他暂时还是不要回到德国来。如果孟威廉一定要回来，那么可以住到他家。

战争的确尚未结束，日本兵远未从中国撤出。中国共产党和蒋介石的国民党之间的斗争日益激烈。尽管美国人在1946年居间调停，有将近半年时间双方停火，但是日本战败后两党的主要目标就是要获得执掌中国的权力。大家都想要尽快抵达重要的沿海城市。

1945年8月，军队医疗战地服务学校迁到了上海江湾。学校在江湾得以扩大，并改名为国防医学院。

> 大部分医生来自上海或天津，他们都想尽快回去，因为那里生活条件好得多。我可以说，对他们来讲，贵阳就是以前皇帝把不喜欢的人送去流放之地。

第八章　回到上海

对孟威廉来说，上海是一个陌生的城市。在这儿，他没有朋友，过去的六年他已经习惯了贵阳的生活。为此，他一开始也并没有"努力"要去上海，如同他在回忆时所说。他还是一直希望回德国。领导对他说，要等日本人完全投降后再考虑此事。

独自一个人留在贵阳是不行的。上海带给他的希望是可以继续学业。因他原来读的是著名大学，这大概是有可能的。因此，他随着最后一批卫生部人员来到了遥远的大都市——他得到机会搭上军用卡车踏上旅途。汽油很匮乏，用油就必须要非常节省。自己不再用的东西可以卖掉或做交换。上路后从贵阳一路下山 1000 米到衡阳，从那里渡过湘江进入湖南。

> 汽油是配给使用，从贵州下山去湖南，一路都是不踩油门滑行下来的。

不仅汽油紧缺，还得带上大米作为口粮。由于遭到大面积破坏，湖南正处在饥荒之中。农民还没来得及耕田和播种。尽管联合国善后救济总署成功地把大米运进了这些地区，但是当地的国民党官员的腐败，使得粮食根本到不了民众手里。

我们曾经在一家农户前停车，因为想要喝水。女人给我们端来热的茶水，告诉我们说，没有米，米被囤积卖大价钱了。谁在囤积？那些当官的。想象一下，湖南，一直是出产大米的地方！中国的粮仓啊！我们见到路上有很多饿死的人。另一方面，你也能见到一大堆餐馆，可以在那儿吃到最好的菜肴，只要口袋里有足够的钱！

孟威廉见到的衡阳城是一片废墟。湘江大桥也已被毁。接下去是江西、福建、浙江，到杭州。往东去的乡间路上根本无法前行，水泄不通，所有人都想要马上去沿海，去上海。

路上挤得一塌糊涂。太多军用卡车在路上，都是要去沿海地区的。有时候要过河。只有一条渡船，那时桥是没有的。可以想象一下，渡口的混乱程度：谁先上？没人掏出手枪来就算是万幸了。我们卫生部的人什么也没有，没有一个人带有武器。在到杭州之前，在一个村子里，有人要检查证件。他看见我们的军队证明时，变得非常客气。

从杭州到上海坐的是火车。孟威廉一路不停，花了六个星期到达了上海。卫生部的职员在站台上接到他，把他送到了江湾。

江湾在上海的东北，河流的弯道处。那会儿从上海过去是个遥远的旅途。抗日战争前，中国政府想在那儿建一个现代化城市。体育场和飞机场已经建成。还有一家医院，日本人把它扩建成了一个大野战医院，战争结束时被中国卫生部接收。1945 年起这里就是林可胜任主任的国防医学院。

开始时，我住在离上海军医院有点儿距离的日本人造的房子里。比起我原来的居住条件，这里当然是好得多了。这里有一个卧室、一个起居室，还有卫生间和厨房，地上铺的都是榻榻米。门都是推拉的，很轻很薄。那时候我抽烟斗很凶，总是担心会把榻榻米点着，烧起来。我在那儿住了大约一个礼拜。我觉得太远，要走 20 分钟才到医院，就在医院里找了一个小房间，这样更好。首先房子是石头造的，抽烟斗时不用特别小心，不必害怕着火。其次，下两层楼就到了我的实验室……我刚把医院的实验室建起来。

化验室的组织工作比在贵阳简单多了。实验药品和器械都有。我的意思是，我什么都要得到，比如滴管或者色度计……都能得到。在上海，城里，当然什么都买得到。上海虽然也被轰炸过，但是不严重。跟别的城市相比，上海受到的损失不大。

直至 1948 年，上海还有很多欧洲来的犹太难民。从 1943 年 2 月到战争结束，他们被集中在虹口区的给所谓无国籍者划定的特定区域里，因为 1941 年起根据《帝国公民法》，犹太人被剥夺了德国国籍。在日本人的治下，这一地区就成了"隔都"，犹太人要凭通行证才能离开此区。[⑦]战争结束后难民如果愿意，可以离开虹口的狭小住房。孟威廉在去贵阳之前与犹太社区联系就很少。在从热那亚来上海的船上认识的三四个奥地利朋友，他又重新找到了。但是他们关系一般，共同语言不多。孟威廉在中国内地过的是完全另一种生活。他在中国的条件下与中国人一起生活。对他来说，生活中有别的更重要的事情。

> 我偶尔也跟他们聚一下，但其实联系还是很少的……我关心的是大多数难民不关心的问题。他们只是想要活下去，而且他们面对中国人时总有点儿傲慢自大的感觉。不过，也许是我特别敏感吧！我应该谴责他们？他们生活在另一个世界里，并不知道别的事情。也就是说，我们总归是谈不拢的。我嘛，怎么说呢，回来后，我是变了个人。我就是成了另外一个人了，所站位置不同了，我的政治观念上，也是中国的观念了……他们都在从事进出口贸易，其中一个自己开业，另一个当雇员……这当然毫无希望。他们在上海还有什么可做的？只有那些医生中的一位，本来是可以跟我们一起去贵阳的……我们变得陌生了。1948 年，他们突然就都走了……对我来说永远就只有一个问题，要么我留在中国，要么就回德国。去以色列或者去美国，是完全不可能的。我时间也很少。因为我在江湾，去上海远得要命。

第九章　在医学研究所的工作和学业

两个月后，国防医学院主任和研究所所长、中将林可胜医生，因为知道孟威廉在贵阳的贡献而很欣赏他，把孟威廉叫去见他。

> 他是著名的生理学家，同时也是医学研究所所长。他对我说："您别再做常规工作了，还是去做研究吧！"我就此离开了化验室。

孟威廉很自豪地把这一褒奖告诉了父母。他非常开心，可以不受限制地做实验和看书。

> 现在我就在科学院的实验室里做研究了。这里的实验室和图书馆非常漂亮，非常完美。其建筑总让我想起海德堡的威廉皇帝研究所，跟那里一样漂亮。⑱

这个研究院是 1928 年由国民政府在南京成立的。至今还被称作 Academia Sinica 的这个"中研院"，是当时中国的科学研究中心，有十个研究所。在里面工作的研究人员奉行的是美国的科学传统，也就是说，教学和研究是分开的，教学是在大学里进行，研究是在研究院。

研究院的医学研究所那时在上海的前法租界岳阳路 320 号。至今外表没有多少变化的研究院主楼的对面，就是前法国领事官邸。框架建筑的别墅仍然还在，在一个大公园里，被修整得很好，也曾被马普学会选作德中科学家聚会之地。这里适合跑步和工作之余的休闲。

　　"中研院"的主楼以前是日本的研究所。里面有很大的实验室，他们在那里检验测试中医的有效元素。不过，因为那时的科学家对中医持否认的观点，这个实验室很快就关闭了，实验也就中断了。那是以"非科学"之名做的研究。直到 20 世纪 50 年代，在一个生物化学学会的会议上，研究才又重新启动。我们被告知这些，必须要转变观念。我们被告知，因为中医存在了数千年，帮助了人们，所以不能将之当作江湖医术对待。我们跟这些没什么关系，但是生理学……

1950 年 7 月第一次全国健康会议（据查，应是 1950 年 8 月，第一次全国卫生会议——译者注）召开之后，中医由于各种原因引起了一些注意。一方面，一些民间治疗方法在之前接触不到西药的共产党控制区的人群里被证实很有效果。另一方面，掌权者也认识到西医的医生实在太缺乏，无法把他们观念上推崇西方的科学医学推行到全国各地。

　　一个由受西方教育培养出来的医生组成的委员会受委托，研究几千年传承下来的另类医学遗产，辨明其成分，证明其在社会主义的现代科学和技术社会里仍然有用。从这个委员会，后来到 1960

中央研究院在上海的一部分老建筑，摄于 1989 年

年代中期走出的所谓传统中医学，也基于其适应了现代逻辑，后来在西方也得到了很多支持者。⑳

在研究院主楼的研究所中，还有植物物理学、有机化学、生物化学和生理学研究所。这些研究所都有非常好的图书馆，所有的英语和德语的现代专业著作都有，专业刊物杂志，如李比希（Liebig）的《化学年鉴》（*Annalen der Chemie*）全部都有。

孟威廉的新工作场所离江湾很远。太远了，不可能天天去那里，因此他搬到了研究院里，与徐京华合住一个房间，他是研究所的年轻的科学工作者。

在医学研究所，孟威廉被分配到一个研究组，研究维生素 A 及其鉴定方式。这就是他发表的第一篇论文，登载在了《中国营养学》（*Chinese Journal of Nutrition*）上。实验室的设备非常好，研究条件也非常好。但是对孟威廉来说，最幸运的是，他在这里认识了中国最优秀的生化学家。他们很多都曾经在外国的著名实验室做过科学研究，与世界著名生化学家保持着专业上的联系。他们彼此之间说英语，在专业杂志上发表的也是英语的论文，会议上说的也是英语。

半年之后，1947 年夏天，孟威廉有一次被叫到江湾的国防医学院去。也就是，林可胜想找他谈话。

> 他坐在办公室里，手里拿着我的个人档案。他跟我说："您还没念完大学啊！"他看着我的档案。"我给您两年的假，您去把大学念完！"
>
> 大部分医生那时都被送去美国了，一年，作为奖赏和认可。他对我没法儿这么做，所以就给了我两年的假，去念完

大学。

孟威廉完全没有想到他最大的心愿就此实现了。他立即去找了上海圣约翰大学。这是一家私立大学，是美国圣公会传教士们建立的。1947 年时除了这家高校，还有十几所私立大学，都有很高的声望。

这所大学校园建造的风格，是典型的英美样式和中国元素的统一与结合。青砖与红砖混合砌筑的拱廊建筑与来自中国传统的大屋顶相结合。教员大多数是美国人，只有少数几个中国人在那儿授课。在孟威廉那个时候，几乎没有西方的外国学生在那里上学。他能回忆起来的西方学生，只有两三个美国人，但也不是学自然科学的。

但是上课用英语，课本也是英语的。不过，每个西方学生必须要上两个学期的中文课，要掌握 1 500 个汉字。

学费是很贵的。对孟威廉的中国同学来说，这都不是问题。他们大多都来自富有的家庭。对中国家庭来说，为其子弟支付教育费用也是自然而然之事。如果考试成绩好，学校也会给学生颁发奖学金。孟威廉的学费是由国防中心救护队出的。但是由于急剧通货膨胀的缘故，他的工资很快就不值钱了。尽管 1947 年初国民政府想要冻结粮食价格，但是到了 1947 年 4 月，最重要的粮食——大米的价格就比前一个月翻了一倍。

我继续拿工资，还外加一袋大米。上海通货膨胀太严重，人们不知道这些工资是不是够 14 天用，要是还得付学费就更不知怎么办了。大米是最最要紧的。你得把一个月的大米交给食堂作为口粮。大米还能作为交换品用。

尽管如此，孟威廉还是怕学费和实验室费用马上就会交不出。他去找了王应睐（1907—2001），生化学的教授，在医学研究所工作时就跟他很熟悉，跟他讲了自己的担心。王为此找了医学系的主任。在系主任的坚持下，孟威廉获得了实验室练习课助理的职位。他在贵阳已经做过这些工作，而且是在困难得多的条件下，所以这里的工作对他而言没什么难度。

> 是啊，这里至少有煤气和水。20 到 30 个学生站在实验台边。我总是先对他们解释，化学上要怎么做，他们应当会看到什么。他们当然很愿意我给他们先做半个钟头的解释示范。

作为回报，孟威廉不需要交学费，还免费得到一个"床位"——在大楼一角的一个很小的房间里。

1947 年的冬季学期，他终于可以开始上学了：主专业是化学，副专业是生物和数学。他要上的课程，符合美国大学的化学专业要求。对孟威廉来说，困难的是"数学化学"这门课。他以前没有学过。他在海德堡大学上化学专业时，不包括数学课，但是"中研院"对数学能力是有要求的。他的同屋徐京华给了他很大帮助。他们两人相处很好。散步的时候，他们互相叙述自己的经历，发现他们对过去发生的事件能做出相似的判断。他们发现两人政治上的观点也一致，成了好朋友。徐京华从 1937 年起就是共青团员。他原来在北京清华大学化学系读书。抗日战争期间，他在昆明的西南联大继续学业。

与徐京华一起，不是仅仅偶尔喝杯啤酒而已，也不是仅仅一起散步而已。孟威廉做数学题时，经常请求朋友徐京华的帮助。徐京华对生物化学和生物物理特别感兴趣。他懂得非常多，给他的德国朋友介绍重要的书籍，让他在这个领域有更多的认识和理解以及练习。从徐京华那里，孟威廉学到了如何找到相应的专业资料。

我现在一定程度上可以做微分，因为在贵阳我们有这方面的书籍。我也读过热力学，当然有特别多习题要做，我也计算了。我因此不算完全不懂。但是现在的数学，我一直有局限，到了一定程度就做不下去了。考试时一直有一个要求：请简化！我却不知道如何把三角学简化。结果，每天晚上我就跟我的老朋友徐京华坐在一起。

他尽管也是读化学的，但是主要对生物物理和生物化学感兴趣。

一切都得按照美国标准进行，这算是一种学校制度，跟我在海德堡习惯的方式很不同。每个月每门课都要测验。这有一大好处，就是强迫人学习。大考也是笔试。学期结束的大考里，平时测验分数要占一半。我还是要来了我以前的学籍证明，我姐姐在英军里做翻译，帮我想办法弄来了。我就交给了学校，有些课程得到了承认。

1949 年 5 月的下半月，孟威廉获得了学位证书。这正是不太平的时候，政府交替时期当然就是如此。没人知道大学还会开多久，学生们还能不能正常地读到毕业。为此，大学校方也很为大家行方便，给每个已经读完了课程的学生尽可能宽松地发了毕业证书。

从 1919 年五四运动（一个充满了愤怒的抗议运动）之后，针对的是美国总统威尔逊违反他自己主张的民族自决的承诺，把德国曾侵占过的青岛移交给日本。大学生和知识分子希望在教育和科学领域进行改革。他们原本以为国民党在蒋介石的领导下可以达到这一目标，却非常失望。所有推进改革的行为，都被国民党当局诽谤为共产主义。最终，大学生们哪怕对共产主义制度有疑虑或持拒绝观点，都坚信只有共产党才能进行改革。

> 所有在这儿上学的学生，都来自富裕家庭。但是，他们之中几乎找不到一个人是赞成蒋介石的。他们并没有公开讲出来，这还是有危险的……我开始时就在场，美国人武装了日本警察。结果校园里举行了特大示威游行，反对美国。

在 1945 到 1949 年内战期间，美国一开始认为国民政府会得胜，因此给予他们各种各样的支援。1945 年 8 月 11 日日本投降后，9 月初重庆的国民党军官与美国人一起飞到了上海。他们接收了上海的市政管理权。外表上看是很明显的，因为马路上车辆不再左行，而是右行了。企业和财产被没收。市政管理其实并没有阻止那些裙带关系的腐败和敛钱。币值下降极快。

对中国共产党的作战却遇到了极大的困难。知识分子和大学生们通过罢课、示威游行反美，因为美国兵在上海，堪称殖民主义的干涉。他们愤怒，在上海，原先的敌人日本人成为维护秩序的安保人员，因为国民党军队没有足够的人员。很多学生骂蒋介石对西方奴颜媚骨。

中国学生当然很愤怒，然后又进行了大罢工。要想想，大多数的教师都是美国来的。作为助教，我就躲在办公室里看书。作为学生，我当然不去上课了。那些美国教员也说不上有什么抵制行为。后来蒋介石的秘密警察进了校园，抓了、打了不少人。

我感受到和知道的，是学生们都支持解放军。

1948 年，国民党军队在东北溃不成军。蒋介石的军队没能力把原先日本占领区赢回。民众中几乎没人相信他的军队还有能力与共产党军队对抗。

国民政府的财政崩溃。士兵的津贴付不出，吃的粮食也不够，必须要的东西他们就去抢。长期征战使得他们精神涣散。城市里的民众很害怕遇到这样军纪崩坏的队伍。上海的市民更是深受其害，他们还不得不忍受国民党军队与共产党游击队之间的短兵相接。

在 1946 年内战初期，共产党的八路军和新四军改称为人民解放军，有很好的声誉，大家都说他们纪律严明。而且人们传说，他们在延安还建立了有效的地方人民政府。尽管国民党人审查严密，但是消息仍然不断传出。上海市民希望这样的一支军队给予他们安稳和秩序。他们想要得到的是有朝一日，白天在街上、夜晚在家里能有安宁，继续能过自己的日子。

1948 年的上海很是糟糕，因为一部分国民党军队到处抢劫。我们夜里要在校园值班。我们实际上也做不了什么安保，我们拥有的唯一武器是棒球棍子。我们夜里真的走来走去，没发生什么事情。我想是因为校园里有美国人，所以没事。但是，危险还是存在的。

上海的大街上却充满了危险。上海有东方芝加哥之名：

> 上海什么样的罪犯都有。上海有两个匪帮，青帮和红帮。就我所知，蒋介石是属于青帮的，或者至少与他们有关系。到处都被勒索保护费。我看见我住的那个地区，夜里人们都坐在商店前，都是些值夜的保安人员，他们都是要给黑帮交保护费的。我估计，警察肯定也会参与其中。那些住在这类院里的人——大部分老城里都是这种院子，房子都在院子里面——他们也肯定要交保护费的。我倒没有遇到什么事，我也不需要什么保护，我反正什么也没有。有一次，我在家睡觉，发现有人拿着很亮的手电筒照着床头柜。不过，反正我啥都没有。

1949 年 1 月 31 日，共产党的军队进了北京。民国时代叫"北平"的这座城市，恢复了 1928 年的名字北京。1949 年 10 月 1 日，毛泽东在天安门城楼上宣布中华人民共和国中央人民政府成立，天安门广场上 30 万民众欢声雷动。和平与秩序看来重新建立起来了。

第十章 解放上海——共产党在上海获得政权

上海人从 1949 年 3 月就做好了准备：共产党军队要到来了。孟威廉又被叫去江湾。国防医学院已经不在上海。林可胜思想上是左派自由主义者，但是他为妻子担心，她是国民党高官的女儿。她决定逃往台湾。林可胜从 1947 年起执掌国防医学院，一直到 1953 年（在台北），其后迁居美国。孟威廉被问到，是否愿意一起去台湾。

还有 Tommy Ma，我不知道他的中文名字，对我说，学校要迁去台湾，你一起去吗？我回答他：不去！解放军已经到了长江边，或许已经过了江，号召大家说，希望医学人员、医生留下；他们应该把医院完整地移交。他们还对我们培养了这些医生表示感谢。事实上，大家都留了下来。我记得只有两三个去了台湾。

号召科学家和医务人员不要逃离，也从外部得到了支持。弗雷德里克·约里奥-居里（Frédéric Joliot-Curie）作为科学工作者协会的领导，努力将很多科学家吸纳为其协会的成员，并说服他们留在大陆。

医生中或者高层人员里面，其实没有支持共产党的。他们只有很少几个反对蒋介石。解放后，我很奇怪，为什么这么多人留了下来。他们给我的印象里是反对共产党的，但是他们还是留下了。大概因为经过了上海的整体状况——到处腐败盛行，通货急剧膨胀，他们认识到这样下去是不行的。唯一的选择就是共产党。他们在各所学校、医学院工作，有机会离开，但是他们留了下来。

国防医学院迁到了台湾，孟威廉失去了工作。他没了工资，主要是没有了让他得以生存的一袋大米。他连住所也没了。国民党军队强占了圣约翰大学校园，士兵住了进去，他们是从与解放军打仗的前线逃到上海的。所有大学生都必须离开校园。不过，同学们约定了之后重聚再见。

上海被解放的时候，我们又重聚到校园，看看能做点儿什么！

在我拿到学位之前，要进行清账的。我有5元钱的账单，化学课上有时会损坏东西。有个同学对我说："来，我帮你付了。"

我去了中国朋友那儿。我的朋友一部分是大学里的，一部分是医学研究所的。他们请我吃饭，我才渡过了难关。然后，我又很幸运，兰道尔博士的太太，她那时还住在上海，在一所小房子里。我去找了她，她就说你当然可以住在我们这儿。她可能觉得很高兴，正在解放前夕之时。因为她家里一个男人也没有。

化学家埃里希·兰道尔，就是把孟威廉带到贵阳的那个人，从1947 年起住在台湾。1948 年世界卫生组织成立时，他受委托在高雄建一座青霉素工厂。

人民解放军进上海前夕，孟威廉又得到指示，有机会离开中国。大学医学院院长要他一起去：

> 他说："我无法再给您保证安全了，您去以色列吧。"那个时候，大部分住在虹口的犹太难民都去了以色列。以色列的一个领事还特意来对我说，可以提供帮助。但是，我没去寻求帮助。他认得我，因为他也在红十字会工作过一段时间。他是外科医生，他留了下来。我想啊，这些人怎么变了呀！一开始他劝我，得走。后来，当朝鲜战争（1950 年 6 月）开始后，他带着第一批救护队就去了前线。

1949 年，共产党的军队跨过了长江。5 月底，他们在陈毅率领下和平地进入了上海。圣约翰大学的校园在一段短时间里成了共产党军队的总指挥部。国民党军队已经逃往台湾了。变化几乎是一夜之间发生的。

> 研究院有一栋大楼，最高层是平台，以前有国民党兵把守。我们约定，我来访的时候怎么样敲门，他们就为我把门打开。有一次在夜里，我听见了机枪声，大约持续了一刻钟。然后，一夜过去，第二天上海就解放了，根本就没有交火。唯一

算得上抵抗的，是苏州河对面的上海大厦。那是当时上海的最高楼了。那里是想要抵抗的。但是据说，他们要是不投降就要对他们开枪了。他们就投降了。打仗的情景在上海没有出现。

立即引起人们注意的是解放军。他们到处都是，都穿绿色军装。人人都穿得一样，让人认不出是士兵还是军官，没有军阶标记。只有一样，人们可以辨认出谁是士兵谁是军官：军官带手枪。

他们都很谨慎、节制。就是说，当他们进入一所房子后，出来前会把一切都重新收拾好、弄干净。市民见到士兵们都睡在街道上，一点儿都不扰民。这是很突出的，他们有严格的纪律和行为规范。骚扰妇女、喝酒之类，根本不可能。这是以前没见过的。以前见到的美国人，上海有很多美国兵，绝对没有中国人认为应当拥有的德行举止。我的意思是，晚上到处都能看见他们喝得烂醉……他们的行为跟国民党兵是一样的，他们喝醉了酒时特别暴力，当然他们也被很暴力地对待。军警开着吉普车在街上拾起醉汉，使劲儿把他们拖拽着扔到车上。这给中国人的印象很不好。现在来了一支军队，真的是人民的军队。他们离开屋子前会打扫干净。他们拿到人家给的东西时，立即就会还回来，或者付钱。他们很有礼貌。军官们没有胜利者的傲慢。

只有很少几声枪响，之后在次日清晨，人们见到街上到处睡着穿绿色军装的人民解放军。居民们几乎是欢迎着他们的到来。人民解放军执行着党制定的严格纪律。小商人们不能受扰，生意要继续进行，要保护他们不被抢劫。在需要住处时，他们不是命令式地闯进房子，而是首先询问，或是就睡在街上。他们不喝酒，付钱买一点点粮食，或者用交换的方式。有人需要帮忙时，他们立即出手。军官和士兵的差别是看不出的。这一切，上海人都惊奇地看着，给予了认可。⑩

　　一开始大家都很高兴，"解放"进行得这么和平。上海的警察局起初不知道自己该怎么办。其他事情，公共安全方面的小事件，时有发生。在淮海路上，我有一次被两个白俄拦住了。他们要钱。警察站在旁边，还穿着老制服（日本的），不知道自己如何处理。他们首先想到，这是外国人……

　　上海解放之后，国民党的军用飞机还来轰炸过，特别是对电厂……实验室里没有电来烧水了。每个家庭只有15瓦电用来照明。我们有沙包和所有能找到的东西，也有救火队——我也参加了，戴着漂亮的铜盔。

　　上海人民很高兴，上海的解放，就像孟威廉对于共产党接手政权用的词语，没有经过军队交火，几乎是和平地实现了。陈毅将军被任命为这座大城市的市长。市民们完全理解共产党政府不得不实行的政策。太多事情需要被规范。很多连接城市和郊区的马路和街道受损，无法通行。城市的电力和自来水供应大面积中断。安宁与秩序被犯罪、吸毒和卖淫破坏。

　　粮食和日常生活中重要的物品，一开始还有，新政府能用国民党留下的库存。但是上海市民清楚地知道，在重建时期不得不勒紧裤腰带，每个人都要自我克制和适应。市民接受电、布、肉类和大米的配给，要有票证才买得到。开始阶段，大家还能吃饱。做重体力劳动的工人，得到 40 磅大米。脑力劳动者，孟威廉也属于其中，得到的是每月 28 磅大米。

为了控制钞票贬值，发行了新的人民币。短时间里，市民将旧币、金、银和外国货币拿去兑换。

> 人们当然攒了银币，有袁世凯头像的银币，叫袁大头。这得去兑换。不用现金了，用的是货物券。

> 后来又要求帮派的人出来自首。只要自首了，而且没有过严重犯罪，他们就又被放出来。他们也知道自己根本一点儿机会也没有，什么也做不了，因为人民的后面现在站着人民解放军。所以，他们大多数人都出来自首了。他们那时候还没有进教养营。他们得认错，写自白书，大多数人这样去做就算通过了。当然妓院都被解散了，上海原来有很多妓院的。妓女们做了健康检查，受到职业培训。这是人家告诉我的。

> 很短时间里，就是一年半，上海又变成一座正常的城市了。我的意思是，不用害怕了。我从来不锁门的。这一点也不稀奇。我肯定，不会有人进来偷东西。

> 那时民众中洋溢着不可思议的高涨热情，要建设一个强大的中国。这把很多私人兴趣推到了后面。

中国政府得以在这样的氛围中进行建设。在经济和技术上，他们吸引着领头的人才，愿意为新国家做贡献。那时政治观点和社会中的阶级归属都还不重要。

人们也在努力让那些在美国或欧洲留学并做研究的科学家回到中国。很多人回来了，热情高涨，因为他们想要参与建设新的统一的中国。政府提供了有限的居住和生活条件，以促成他们的归来。他们参观一座一座城市、一家一家实验室，以便他们找到最好的工作条件。孟威廉也得到了好几个机会：

> 我可以去科学院——是 1949 年新建的，⑩那时还叫医学研究所；我也可以去江湾的医学中心；我也能留在大学工作。我就找了我认为最好的：医学研究所。首先他们有一个非常棒的图书馆，还有很好的实验室，当然还有很好的教授。那里还有我的老朋友徐京华，以及几个其他朋友，都是上海人。我就去了那里。我记得上海是在 1949 年 5 月 28 日解放的，6 月 1 号我就正式参加工作了。

6 月 1 日，孟威廉在上海岳阳路医学研究所干部处，交出了他的军人证和他在贵阳红十字会的档案材料。研究所在一座大房子里。一楼是医学研究，二楼是植物生理学，三楼是普通生物学。住的地方，如同在中国的其他地方，是由工作单位安排的，就在研究所，居住空间很小。

> 研究所当然没房间给我。他们给我怎么安排呢？以前的加层是作为动物室用的，但是没用过。那地方空着，他们对我说就住到那里去，我也就去了。一个大房间，太美了！人家问我："你住在哪儿？""在动物房！"人家就怪怪地看着我。我总是说，二层楼，很高的动物！

他在那里住了一段时间，然后与两个同事一起住进了研究所院

子里的一套四房的公寓里。大家都很享受这一奢侈。这套公寓以前
日本人住过，铺着榻榻米，还有浴缸。这就不需要用研究所的集体
浴室了。房子里还有个内阳台。走路去研究所五分钟之内就能到。
但是随着国外中国科学家回来，孟威廉不得不离开这个住处。四房
的公寓只有教授才能得到，这个级别他还远未达到。

> 接下来我分到一个小房间，在研究所附近的一栋别墅里，
> 以前大概是司机住的。我很高兴能独自一个人住！别墅里还住
> 着其他研究所的人。住大房间，他们就要两三个人合住一间。
> 在那里，我住了好一阵子。

在新的工作岗位上，孟威廉作为刚离开大学不久的毕业生，
运气很好，能与中国最有经验的研究者一起工作。医学研究所的
所长是从 1950 年起就是生理学家和生化学家的王应睐（1907—
2001）——优秀的生化学家，在英国剑桥获得博士学位。他是一位
很受人喜爱的人，与国外的同行们保持着很好的联系，动员了好多
位中国同行回到祖国。他的研究领域是酶化学。他是著名的研究团
队组织者，后来研制出了牛胰岛素的合成方法。

他的左右手还包括有机化学家汪猷（1910—1997），他是在德
国慕尼黑受的培养。他是孟威廉所在研究小组的领导。

1954 年，王德宝（1918—2002）从美国回来。20 世纪 40 年代
末，他在美国克利夫兰的西储大学（Western Reserve University）
学习，1951 年读博士，其后在巴尔的摩的约翰·霍普金斯大学做研
究。他在中国成了核苷酸和基因研究的领军人物。

冯德培（1907—1995）在生理学所工作。他在上海的复旦大学

读的书，在北京协和医学院做研究，在伦敦大学获得的博士学位。

在共和国最初几年里，抗生素研究是中心主题。直到 1960 年，中国还很缺乏对抗炎症的药物。西方普遍使用的金霉素和链霉素几乎无从获取，从苏联也无法得到大量进口。因此，人们就全力以赴研究发展自己的抗生素。

　　我的领导汪猷，是在慕尼黑大学读的博士，老师是海因里希·威兰（1877—1957），自然化学家。后来，他又到理查德·库恩（Richard Kuhn，1900—1967）那里工作，库恩是做维生素和酶化学研究的。他的德语当然很流利。他跟我说起，特别推崇威兰在慕尼黑引人入胜的大课。

　　他（汪猷）在上海领导着自然物质化学研究，是有机化学和生物化学的结合。我在有机化学方面的经验不太多，我必须首先做很多标本，一开始算是个培养学习的过程。他对我非常有耐心，因为我有时候也会做错。他是个大绅士，中国意义上的君子，在我 89 岁时还给我写了诗。"……40 年前……"我在他手下做的最初的工作，当然就是英语写作，作业送回来时上面的红字多于我写的黑字。他把我做错了的地方都用红笔写上。一般人都只是画一道红线而已。

　　在我把必需的标本按照他的要求都做出来以后，我就只做生物化学了。我得到了一间小实验室。那里我有沃伯格（Warburg）氏设备以及其他一切必需品：瓶子、气体、氧气。我们研究一种只适于外用的抗生素，因为有毒，叫橘霉素。有机化学家，在两个大实验室里，把结构做了改变，做出这一抗生素的各种衍生品。是的，我也在其中工作，研究其生物影响

　　如何起作用。也就是说，结构和作用是研究主题，完全根据威兰的理论。我们是一个很好的团队。后来又来了一位女士，还是个姑娘，叫张丽青（约1930—　　）。这在科学家中可是很轰动的。

　　张丽青于1952年在上海的复旦大学生物系毕业，后来被政府调至岳阳路的中科院生理和生化组。在男科学家占绝大多数的科学院里，她是那里唯一的女生物学家。女性科研人员那时很少。汪猷认为，工作中女性的注意力容易被转移。那时，研究组有了7个人。

　　中华人民共和国早期女科学家虽然非常稀有，但是后来一代人里其数量增长很快。

第十一章　私人生活

　　孟威廉在江湾的时候认识了一个年轻的女化学家杨渊珠。

　　他们是在那里的医院里认识的。这位年轻的女同事来自湖南。她一开始迁到湖南省首府长沙，又从那里到大连上医学校。在孟威廉离开那儿后，他们两人还一直保持通信联系。1950年杨渊珠到上海拜访她的一个叔叔时，他们又见面了。这一关系当然瞒不住，孟威廉的领导汪猷认为，单身汉的生活不好。孟威廉和杨渊珠在1951年结了婚。

　　婚礼在民政局举行，只是两个人登记而已。按照中国常规，妻子保留了自己的姓氏。没有中国家庭传统的婚礼庆祝。年轻妻子的家人是否同意她与一个外国人结婚，不得而知，因为她老家远在湖南；他们是否申请离开家乡远赴大上海来参加婚礼，不得而知。当局的同意，在当年是必要条件，要有旅行证件才能去外地。中国家庭成员没有人参加婚礼。按照中国传统，主办婚礼应当由孟威廉的家庭负责。而孟威廉家离得太远，出于历史原因，已经分离十年了。单位，就是他的研究小组，就是他的家人了。汪猷非常善于写毛笔字，也很会作诗，送给新婚夫妇一副红纸对联。

　　起初研究所没有职位给这位年轻的化学家，杨渊珠还在江湾的医学校工作，骑自行车去那儿几乎要花一整天时间。他妻子的居住

化学家杨渊珠，摄于 1960 年

条件远比他好。她要给学生上课，尽管她并没有什么实验室经验。孟威廉与她一起设计给学生的练习课，准备下一周的实验。所以结婚后孟威廉仍然要在周末骑自行车长途跋涉，在上海与江湾间来回，这让他的研究所领导觉得很不合适。他们费了很大力气要让她调到上海。最终杨渊珠在结婚两年后，于1953年调到孟威廉工作的实验室做助手。

那时没有休闲和度假，最多就是过新年放假。孟威廉还在贵阳生活的时候，过年几乎要放假两个星期，所有政府部门、所有商店都关门。每个人都在自己家里过年，哪怕家乡很远，也要带足礼物回家。家里早就提前准备好了充足的食品，提前把食物烧好、煮好。乡村里的工作这时都会停下来。每家每户都做了清洁大扫除，眼前看得见的一切都擦得锃亮，粪坑之类都给盖上了。

孟威廉回忆说，在图云关时，有一次过年，他走进了一个村子，想给自己和朋友们买些土豆。本来这是毫无问题的事情，结果却非常难。根本连人都找不到，没人卖东西。他就只好拎着几个很小的根茎球回去了，后来才知道那是生姜。

贵阳的红十字会主席组织成员们新年聚餐，人人都互相祝愿：身体好！发财！后来中华人民共和国建立后，不能说发财了。孟威廉有三天新年假期。第一天要"拜师傅"，向有机化学所的领导和研究小组的领导拜年，去领导家里，吃包子——肉菜馅儿的包子或者豆沙馅儿的包子。第二天一般就请领导来自己家。第三天才是安静休息的一天。

在50年代末的困难时期，食品很难买到，这个习惯就被放弃了，新年都在家里过。所领导只在新年前召集员工们在大礼堂开会，恭喜新年好，然后就放假了。

孟威廉与妻子杨渊珠，1962 年摄于上海

孟威廉结婚后，他的妻子和保姆一起负责新年的采买。这可不是容易的事，食品很紧缺，必须要安排得很好才行，还要去黑市上交换。新年时岳母来访，大家吃得很多、很好。岳母在公寓各个角落都放了小盏米酒敬祖。

在上海的夏日里，孟威廉有时候跟所里同事一起骑车去游泳，星期天有时候还是可能有的。但是秋收季节，星期天就被安排掉了——要去农村工作。120人组成一个大组出城，去人民公社，帮助秋收。这如同郊游一般。要是在那里过夜，自己就得带上棉被、脸盆和手纸。

研究所院子里可以跑步。有时候孟威廉在晚上也去南京路购物街，穿过外滩马路就到了黄浦江边，在那儿跟熙熙攘攘的行人待上一个多钟头。夏天时去那儿，空气总是又闷又热的。走到黄浦江边时，孟威廉总是浑身是汗。混入满满的中国人中间，他享受着徐徐清风，心情轻松。有时候他在淮海路拐弯，能碰到旧书店，有一次还发现德文的《海涅全集》。

我不在实验室的时候，做其他事情的机会不多。大多数时候，我就在图书馆。图书馆开到晚上10点钟。如果不在实验室，我就到那里看书。图书馆很好。相对而言，这里规矩也很严。一套杂志，原件，是不能借走的。他们有很多复制品，可以借出图书馆。如果我需要某篇文章的话，我就肯定知道，不需要跑出去找，去问杂志在谁桌上放着。晚上大多数人都还在，领导们也在。每个晚上，大家都坐在自己的书桌边。他们什么时候回家，我就不知道了。他们都住在院子里，几步路就从家里到研究所了。

孟威廉的生活条件，在他 1956 年成为教授之后大有改善。他每个月挣 180 元，这是很丰厚的，是普通工作者挣的三倍。他还分到了四房一套的公寓，在清真路 99 号。研究所提供一张床和一个书桌（带椅子）。床主要在冬秋两季用。夏天人们都睡在铺在地板上的光滑的竹席上面，尽量靠近门口，能吹到一点儿凉风。想要在湿热的夏天更加凉爽一点儿，孟威廉还要事先用湿毛巾把席子擦一遍。衣服都装在军用箱子里，以免冬天的衣服被害虫损坏。

这栋房子的特别设备是一个烟囱，这就表示房子里是可以生炉子的。这在上海的冬天是必需的，因为气温会突然降到 4 摄氏度，甚至更低。孟威廉有个小火炉，里面能放煤球。煤球是煤粉加泥巴压进模子里做出来的。家里有管道煤气，这样点燃煤球就不会很费事。把煤球放到煤气的火上烧红，放进小火炉里。这样房间里的温度就能上升到 15 摄氏度。孟威廉和妻子在上海的房子就是很舒适的了——穿塞着骆驼毛的棉裤、上衣和暖鞋。

保姆，或者称阿姨，管买菜、做一顿晚饭，还用搓衣板洗衣物。早饭时，保姆会下楼到街上，从推着三轮车的商贩那里买来刚刚在油里炸出来的油条，还有烧饼或者热的包子。共产党接管政府后的开初一段时期里，上海仍然还有很多小饭馆在营业，但是人们很少再外出吃饭了，有时候一起喝杯茶或者喝杯啤酒而已。

很多剧团带来新鲜感。他们演出《白毛女》《武松打虎》和《水浒传》里梁山好汉的故事——《水浒传》是毛泽东最喜欢的书籍，还有《西游记》里的故事。

一晚上演出五个折子戏。这就像莎士比亚戏剧，最好的戏要到晚上 11 点半才出来。人们喝着茶、嗑着瓜子——瓜子壳儿吐在地上，剧场随便进出。戏好看的话，大家都安静下来，最后大叫一声："好！"不过，我们这些化学家大多数都没有时间，我们得看书。

孟威廉跟大家的关系都很好，无论是与科学家还是与普通人甚至小孩子。他们都跟他很熟悉，不是用他的西方名字，而是中文名字，或者更有意思的是叫他的外号老毛，因为他身上毛很多。他跟中国工友一起去上中文夜校，他们不会说普通话，有的甚至不识字。这是新政府为文盲办的。20 世纪初，有百分之八十的人是文盲，此时工友中大多数还不认识字或者只认识很少，只会说上海方言，而不会讲政府提倡的交流语言——普通话，就是北方的、北京周围说的话。

多数中国工人不认识字、不会写字，科学院给他们提供了补习班，上普通话课。我也去参加了。我没有架子。架子，听上去是框架的意思，实际上是说不傲慢。我们有一个看门的老头儿，就是门卫。我有时候会跟他坐在一起，坐在小板凳上聊天。他有一条狗，狗是自己跑到他这儿来的，是条狼狗。这个老头儿夜里在门口值班的时候，狗就陪着他。我一直帮他买狗证，厨房给狗吃的。

我有个绰号，叫老毛，因为我身上毛多嘛。大家都那么叫我。毛也是个姓氏，一般不会引起别人诧异。如果有人来到门房说他要找孟威廉，门房就会说："我们这里没这个人！"然后人家讲，是个外国人。这下他想起来了：啊，老毛呀！他都不知道我还有别的名字。

在我们住的这个公寓楼里，有很多小孩子，当然总是很吵闹。我跟他们是"和平共处"的：跟他们一起踢足球，打羽毛球，帮他们给足球打气。我要睡觉的话，我家的保姆就朝下面喊，孟伯伯要睡觉啦！他们就跑去别处玩闹了。有一天早上我去所里，来了些不认识的孩子。他们看着我，指着说："外国人，外国人！"我们那儿的孩子就对他们说，他不是外国人，他是孟伯伯！我这才知道，我已经融入他们中间了。其他人也这么想，我不是外国人。

第十二章 政治运动

中华人民共和国成立后的头两年，共产党完全致力于清理漫长的战争年代留下的废墟。重建、与通货膨胀做斗争、建立新的货币制度是优先性的。最要紧的当然是努力赢得市民的信任。由于急需经济、技术和科学方面有知识和经验的人才，这些人因此一开始是很受优待的。在开始阶段，新的掌权者不介意他们的过去或者他们个人的观念。干部们忙于为党吸纳新成员，教育他们统一思想。急需能干和有意愿干的人，以进行其后的几年的运动。共产党只是针对日本汉奸毫不手软，对汪精卫（1883—1944）的追随者就是这样。

此后党就进入了针对个人的阶段：新的国家和革命的社会和文化，现在需要塑造出"新人"。为此，党认为需要有认识上的转变。作为实现这一目标所采取的适当的战略，党就组织了群众运动。

1951年发起了一场运动，称为"思想改造运动"，针对脑力劳动者和受过特殊教育的人。大学的教员首当其冲。科学院里，大多是做研究的，不是教书的。科学家们被柔性对待了，因为他们的工作是中国的发展所急需的。尽管如此，这个运动还是占用了很多科学家原本在实验室里很需要的时间——好几个星期都不得不用来交代个人的经历、私人的行为。

"思想改造运动"一般被分为三个阶段，一开始是做甄别谈话，然后是写交代，最后是服从并"重新做人"。

那时候在上海是这样的：解放以后大家都得到一份人事档案，其实里面没啥东西，没有什么让人尴尬的问题，只有个人经历上的一些问题。这种情况持续了两年。两年之后却突然发生了以下的事：我们实验室被分成了几个组，每个人都要讲个人经历。当然我们那儿有几个人据说是有难处的。因为我们那里的人也有以前跟汪精卫合作的人，当过汉奸。事情都在，时间一长也就都被翻出来了。他们当时唯一要求的就是，要说实话。有时候，这很难堪。比如王应睐就交代说，他要求实验室的女性保证自己不结婚。这让王很是尴尬。不过从原则上来说，事情也就算过了。我觉得一点儿也没什么不好，因为原本所里就有的各种议论猜测也就此结束了。

有一回，化学家里的一个，来找我，他也是党的书记，跟我说："嘿，你，听着，你夫人可是有些事情不对啊。"她在个人简历中写了好多其实没有的事儿。他们一直觉得奇怪，为什么她正好在日本占据北京的时候上了燕京大学。结果他们发现，不是这么回事。她一直想要上完大学。她其实是上了一个专科学校，学的蜜蜂饲养，跟燕京一点儿关系也没有。她后来就不得不面对一个五人工作组，说清楚她真实的经历。可能他们因为怕伤到我而没有对她采取严厉的态度。因为如果想想她受到的对待和其他那些人相比……

有一天警察来找了我，跟我谈话。他们问了我一个下午，第二天下午又来问，总是那些话，总是一样的话……然后我就找我的同事，就是书记。我怒气冲冲地去找他，说："怎么回事？"然后他就对我说："你的个人经历毫无瑕疵！"好吧，我的经历毫无瑕疵，他们却不相信，我还不能为此发火。他们肯定在想，怎么可能呢，有人远赴贵阳工作，肯定会有些什么事不对劲的。

孟威廉出于自己的文化背景肯定是要对这种怀疑生气的，他的行为方式看来不被理解。放弃自己的优裕条件，在中国极端艰困的条件下作为一个理想主义者发挥自己的作用，这让人怀疑。可以怀疑他就是西方间谍，因为他既是外国人又跟外国人有联系。也可以怀疑他为国民党工作跟国民党有联系，因为当时他也跟陪都重庆有过联系。与敌伪合作是个很严重的罪名。

1951 年 12 月起，掀起了三反运动——反贪污、反浪费和反官僚主义。每个人和每个工作组都可能被指责犯了这些错误，必须想清楚自己是不是做错了什么。

我们就被问了，大家坐在一起。我们自己都真的想过我们做过什么可怕的事情。事实上什么也没有，我们就拿出信纸，把我们自己写的信放进所里的信封。而且我发现，在今天还是这个习惯。如果我收到我上海的朋友们写来的信，大多数还是所里的信封。

我们真的想不出什么来。我们想出来的就是，我们在做氧化酶的时候，需要用牛奶，从牛奶里提炼出鲜奶油来。也就是说，我们得到 10 升牛奶，得先做离心分离，才能获得酶。这下我们剩余了 10 升的脱脂牛奶。那么，我们该拿这些牛奶怎么办呢？有三种可能性来处理：第一，我们把牛奶给动物，就是给狗喝。第二是我们把牛奶倒掉，那就没有了。再有第三种可能性，就是我们自己喝。我们就选了第三种可能性。当然没有付钱，那么我们就是……我说这件事，就是为了说明，那会儿想出了多少神奇的点子。他们还是说，总会有点儿事吧！可是我们真的没什么事情可交代！

我们所里当然也有一些难办的事！我们得到的仪器是上海制造的，不知是什么工厂生产的。负责此事的人，一个技工，每台仪器都拿了佣金，就是他为每个人买来仪器，从每个公司都获得一定数量的钱。这事被发现了，要他公开表态。他在工厂的职位当然就没了，也没了工资。他不得不在花园里干活，我不清楚干了多久。他这就是被惩罚了，不是"文化大革命"时的那种暴力，那时就这样而已。

多数都是些小事情，老习惯——用所里的信封寄信、私用公务汽车送生病的妻子去医院。大的欺骗，至少在科学院里没有见到被揭露出来。但是这些小小的"恶行"是要在全体大会上公开认错的。每个人都知道，党在"关注"着一切。

我们那儿有个姑娘，是个党里的负责人，大家都知道。我早上到所里，她看见我拉长了脸，她就立即问我怎么了。因为他们的立场是，如果某人家里有困难或者别的事情，那么他就做不好科研工作。

这个运动对科学家的工作影响很大，不仅占用了他们宝贵的时

间，还不让他们在研究工作中用自己的方法。特别是被党提升为主
要路线的要求"向苏联学习"，给中国的科学发展带来了糟糕的
影响。

因为苏联作为"反殖民主义战争"的世界领袖，站在中国一
边，并给予了支持，结果就是对共产党的政府来说，苏联在各个方
面都是榜样。中华人民共和国的最初几年，苏联共产党和中国共产
党在意识形态上的接近，看起来是走向未来紧密合作的基础。掌权
者很快认识到，只有相当数量的中国人掌握了俄语，才能懂得来自
苏联的科学上的认识，才能在科学、经济和技术上找到接口，才能
达到其水准。

> 20 世纪 50 年代初，我们大家都得学习俄语，以便阅读俄
> 语期刊。研究工作停了一个月，专门用来学习俄语。中国人是
> 很实际的，我们就只学我们科学上用得着的。我，你，这些人
> 称变化，我们一开始根本不学。科学论文里反正不会出现。我
> 一坐下来就要拿着字典，因为词汇量太少。语法上，我们用一
> 把计算尺，就是只要把词尾移进线条里，找到词尾变化，找出
> 主格形式，我们就到字典里找得到了。

科学院的科学家们完全弄不明白，为什么现在只向苏联看齐
了。他们是在美国和欧洲受的教育，因为语言能力和个人联系的关
系，与西方的研究是保持了通道的。他们现在面对的一种理论，对
他们来说是无法理解的。现在不再通过研究解释自然，而是以马克
思主义的意义改变自然。中国科学家被苏联同事们教导，尽量要用
李森科（T. D. Lysenko, 1898—1976）的理论。

李森科是苏联农业科学家。他主张的理论认为，环境是有机物改变和发展的唯一原因。马克思主义的理论"存在决定认识"在历史书写中，导向了合理的解释：不是个体的行动者对事物发展负责，而是他们生活于其中的具体环境因素导致了他们的行为和思想。李森科，不管他自己有没有认识到，把这种观念带入了生物学。他因此认定，有机物之外的因素，如环境与社会，而不是有机物质内部的，如基因和染色体，决定了新物种的进化和发展。李森科的这个逻辑与孟德尔（Mendel）的遗传理论和美国生物学家托马斯·亨特·摩尔根（Thomas Hunt Morgan，1866—1945）相对立。摩尔根在 1926 年首次提出并发表了基因的物质性，说基因是化学物质。

李森科的学说代表了一种观点，认为人对有机物，特别是粮食类植物可以做改变，并让其遗传下去。这听上去对中国人来说特别有吸引力，因为中国没有自己的生物自然科学上的模式，而又一直被饥荒困扰。那种在极为不利的自然条件下也能种出植物让其生长的希望，比如在西伯利亚，太有吸引力了。因为这一观点据说是米丘林（1855—1935），一位俄国园艺学家，早在他的实践中运用过，在中国这一理论就以"米丘林生物学"流行，1952 年开始还作为正式的理论写进了教科书。

一开始，李森科的意识形态，没有受到有机化学家，而是受到生物学家和植物生理学家的关注——他们在上海科学院大楼的一楼，他们的研究领域当然与有机化学相关。与有机化学家的讨论是很热烈的，这些人对 1953 年发现的 DNA 双螺旋结构很了解。专家们提出了问题——蛋白质是如何产生的。那几个在美国分子化学实验室工作过的研究者，原本可以将其不断推进的人，却被政治家打压了。

上海最重要的大学，复旦大学，生物系的主任⑩是摩尔根最优秀的学生之一。他的名字以前在很多名人目录上都有。后来，他被学生们甚至自己的女儿攻击。说孟德尔和摩尔根是宣扬教义者，要被诅咒，大概因为他们是美国人的缘故，只有李森科是对的。当然大学里的斗争跟科学院里的完全不同，因为大学生的反应是非常极端的，年轻人跟我们的反应是完全不一样的。

李森科的人来到了上海，来做报告。他们是苏联人。我们被正式告知，环境是决定性因素，而不是基因。这弄得好像经典的遗传学是很反革命的一样，必须要坚决反对。我们得到指示，别提什么傻问题，因为要被人排挤的话也不是好事。我们被告知，只要静静地听着就好。所里的领导是这么说的。他们其实也知道那些东西是胡扯。不过，他们也没办法。所以，也就好几年没人再研究基因工程学了。因为要么他们就干傻事，如同李森科；要么就要对他们说，自己反对李森科、反对苏联，那就是反革命，就要做好被调走的准备了。

植物生理学里的遗传工程研究，用的是玉米。那时候，这是遗传学用的物种。有美国来的某人，做过细菌遗传研究。他就再没有做分子遗传学了。我们当时对现代的生物分子遗传学讨论过很多，也谈到雅克·莫诺（Jacques Monod）、弗朗索瓦·雅各布（Francois Jacob），这个模式是当时正在做的。但是，我们什么也没有做。

　　现在已经有了足够的认识，在苏联也一样，就是李森科的理论是荒谬的，事实上也没有获得任何成果。李森科的一个弟子，女生物学家 Lepeschinskaja⑧，曾反对德国病理学家鲁道夫·魏尔啸（Rudolf Virchow，1821—1902）的理论，声称细胞不是从细胞生长而来。为了对此做出证明，她把细胞碾碎，据说通过孵化方式重新得到了细胞。此事尽管很快就被揭露出来是作假，但是对中国的农业，这一讨论的伤害是极大的。

　　　因为这事情发展到了简直要拒绝承认细菌的存在了。一部分橙子树，他们已经知道，被细菌感染，却不允许治疗，因为苏联专家认为不对。结果当然是大批果树被毁掉了。

　　在科学院的实验室里，苏联专家并不怎么受到赞同。那些专家的傲慢令人不愉快，他们的举止比较粗鲁。

　　　莫斯科有机化学所的所长，到我们这里来时是冬天，这里没有暖气，就算有也很少，大概要零度左右才烧暖气。他就说，研究所里是冻肉的温度。中国人当然很生气，他把这里的人称作冻肉，他们觉得这是严重的侮辱。

　　苏联专家传达了一种印象，似乎所有重要的科学发展都是苏联做出的。而新的中学和大学教科书都是俄文翻译来的，这一论调就得到了不断的强化。

　　　我认为这完全是苏联的大国沙文主义，对中国人很不公平。但是当初他们需要苏联的帮助，也就没有说什么。

1952 至 1953 年期间，有机化学组从生理和生物联合研究所里分了出来，成了单独的研究所。

有机化学和生物学在 1952 至 1953 年之前是在一个所里，汪猷从他导师威兰那里习惯于这样的形式。现在有机化学部分是一个单独的单位了，汪猷就成了所长。有机化学组的全体人员都跟他到了中山公园旁边的旧"中研院"大楼的二楼办公。

孟威廉一直担任生物化学小组的组长，不管是 1956 年前以研究助理的职称，还是 1956 年成为副研究员之后。研究工作仍然集中在抗生素上，但是科学院要求生产出能使用的药物，没有毒性。

我们被问到，研究一种无用的抗生素有什么意义。要研究的话，就要研究出有用的抗生素！当然是这样。我们那时就开始研究金霉素。我们至少花了半年时间，研究发酵条件，运用各种媒介，为此还建了工厂生产抗生素。我们得帮助制药工业，找到适合的媒介，高效地提炼出金霉素。我们为此特意建了一个孵化室，温度估计有 25 摄氏度。然后，我们就得到了大量收获。我那时真受不了这一行的肥料了！我们一直都开玩笑。我有一次去实验室，对他们说，我梦见牛头和马面来了。现在挨到我了，我得下去，而地狱王就是我们的领导汪猷，他对我说，对我的惩罚就是做出一千行肥料。他们大家笑得好开心。

此时孟威廉知道，在新社会里，也最好用神话故事来抱怨工作

孟威廉与他在中科院上海有机化学研究所实验室的同事，上左是
王大琛，摄于 1952 年前后

孟威廉与王大琛，约摄于 1952 年

情况。牛头和马面是城隍和阎王的助手，中国的寺庙里都看得见。他们把人带入地狱，判官对被带来的人在人世间的贡献和错误做出审判后会给予相应的惩罚。

> 同时我们还在研究链霉素，与女生物学家张丽青（约1930—）一起。她有一回要把一种依赖链霉素的胚芽做隔离。大肠杆菌只在链霉素环境里生长。她本应找出一种新的菌种。但是我们进行了生物化学的检测，就是想知道，到底是什么原因它需要链霉素才能生长。也就是说，纯粹的理论问题其实没有什么实际用途。我们研究了好几年。

不仅是实验室工作人员对与苏联合作不满，中国共产党也在考虑，是不是走中国自己的道路更好。毛泽东在延安领导了全党，不是很成功吗？也积累了很多经验。现在新的政治力量不仅在农村扎下了根，在城市里也获得了认可。

党内知道，中国的自主性和高生产力有赖于经济和技术的发展，为此需要很多专家。但是一定要依赖于苏联培养吗？依靠自己的力量不行吗？

对"向苏联学习"的怀疑，在遗传工程学上特别明显。因为那时有一个德国科学家，是哈雷（Halle）的遗传工程学家，有了名声，他认为李森科的实验不可信，理论站不住脚。其实这是上海的科学院以及大学从一开始就怀疑的，只不过他们从未公开表示过。遗传工程在政治上成了一个问题。人们就不得不特别小心。不管怎么说，共产党认可了李森科的理论，将之作为科学上的指导方针。

1956 年初，周恩来总理负责了中华人民共和国的科学事业。他在一次党的大会上对知识分子强调，不可以也不要在任何时候都依赖苏联专家。[69]他指出，发生了很多错误，有些同志甚至无视并抵制了资本主义国家的科学发现。对党来说唯一正确的道路，就是要全力支持中国科学家和技术人员，改善工作条件，发动一切可能的力量激发他们的能力。

毛泽东要求，人不能将所有东西盲目复制和机械转用。缺点和弱点就不应该接受。"在文化领域要百花齐放，科学上要百家争鸣"——这句毛泽东的话引起了短时间内在大学和科学院研究所里的自由讨论。在毛泽东发起了这个倡议之后，为加强学习西方，并学习西方语言，中科院从1956年起从西方国家购买了大量各种各样的书籍充实了图书馆。[70]

在这一背景下，在党和政府主导的新的氛围中，1956年8月，在中国北方黄海边的青岛市，那里有一所海洋生物研究所，举办了一次大型的遗传工程学学术大会。参加大会的也有孟威廉的同事。他们告诉他，米丘林、李森科的信徒和摩尔根学派都发了言。在哪一个学派会有未来这一点上，所有听众其实是可以观点一致的：生物和有机化学研究者中摩尔根学派在分子生物学领域是唯一的选择。

党没有作指示，而是让科学家自己做出决定并统一意见。会议的参加者还决定，将来的教科书中两种理论都要有。

一个如此"要……也要"的立场，从欧洲角度来看似乎很奇怪，而从中国角度看是不奇怪的。欧洲人的"要么这样……要么那样"的不妥协逻辑，不符合中国的传统。另一方面那些持摩尔根观点的人的希望，包括那些反对之前党的指导方针的想法，也被考虑到了。

在组织结构上，上海中科院的科学研究和管理是分开的。管理由党领导，科学家现在可以自己做他们认为该做的事。他们也受到鼓励，公开说出自己研究上的想法。

在有了过去几年痛苦的经历之后，科学家们一开始很小心于直言不讳地说出心里话。毛泽东自己在 1957 年 1 月给出了信号，似乎时代完全变化了。当共产党要求并提倡科学家们提出批评意见时，他们出来说话了。

> 我们有工作小组的，每个星期要开工作会议。我们大家团团围坐在实验室里。每个人都开始讲话，说出他认为什么对、什么不对。我们都试着讲出自己的意见。我们组里不是有个女孩儿是党里的负责人嘛，每个人都知道的。她说："听好，你们都说出批评意见，不要争论，不然下回就不让说了。"那我就静静地听着。但是究竟要怎么做，还是我自己决定。我们有十四天或者三个礼拜时间，写大字报。大字报的内容就是批评科学院领导或党的领导，用什么方式都可以。我几乎没怎么参加，因为我的中文水平不够。科学院的那些有文采的人，能把文章写得很有文学性。有个朋友说起历史来，如同孟德斯鸠的《波斯人信札》，那是用那个国度里的所见所闻，来批评政府。

孟威廉这里提到的朋友兼同事，是郭俊函（Guo Jonghan）。他的知识面很广，熟悉李汝珍所著小说《镜花缘》。作者记述了在遥远国度的旅行，描写其奇怪的风俗习惯，以此用隐蔽的手法揭露自己所在社会的弱点并加以批评。郭俊函用这样的方法写出了漂亮的文章，对存在的问题做了批评。他后来不得不为这一间接的坦率付出高昂代价。

> 当然每个人都知道他说的是谁。领导们，大多都是半吊子
> 文化人。他们没有接受这种讽刺的水平和雅量。但是他们对此
> 说不出什么来，就只会谩骂。

中国政府没想到会有如此大量的批评。所有大学里，学生和教授们不仅直接反对当时科学研究的运作方式，而且还反对整个的政治处境。他们举行集会，写大字报，对被迫只能读苏联的书很反感，要求得到读西方书刊的权利。

毛泽东原本希望利用知识分子在党内进行温和的教育运动，因为官僚主义变得太顽固了。批评与自我批评应该适当进行，"如春风化雨"。可是向党吹来的不是和煦的春风，而是抗议风潮。上面完全应付不了，没了明确的战略来应对。是允许得太多了吗？如此多的批评会威胁到党的领导和新的政权吗？1956年匈牙利事件的消息让党的领导和过去的干部，很担心大量批评也会在中国引起动乱，最终造成不可收拾的后果。

唯一的出路，看来就是转移党号召的言论自由方向。知识分子的自由及其批评，只有在加强社会主义制度的情况下，才能被允许。风向就此急剧扭转，从1957年的年中起，开展了"反右运动"。孟威廉的朋友兼同事郭俊函因为他的大字报言论而受到了惩罚。他被赶出了实验室，只能在所里的花园里做花匠工作。一直到20世纪70年代，他才被平反。

党内对中国将来的发展战略的意见是不统一的。毛泽东感到他要推动的共产主义社会没有进展。农业的发展、工业的发展、城市

的发展和科研的发展在他看来都太慢。中国城市承担了很沉重的负担，要还债给苏联，因为之前他们给予了中国资助。

毛担心人民对革命的热情越来越少，所以他试图带来新的动力，就是1958年5月开始的"大跃进"。

在"大跃进"期间，马克思主义关于生产力和社会环境的关系上的认识论被忽视了，人类的意志被看作变化的决定性因素。人们以中国史前时代的神话英雄作为榜样，无条件地使用自己的力量，力图做到不可能的事情。

最辉煌的工程就是炼钢。每个人都在炼钢。不仅在工厂、城市和乡村，在家和在所里也要把铁的物件融化掉：铁丝网、大铁门、铁锅、刀具和很多很多别的东西。

> 然后就开始炼钢。这种事我们也免不了要做。我们就搞了个小火炉，大概有这么高……炼钢时用皮口袋鼓风。整个科学院只有一个这样的火炉，各个研究所、实验室就得定期在里面融化随便什么铁的东西。人们没有准备，在为融化吹气时，比如徐京华就被烧伤了脚。

> 人们的想象力简直厉害，大铁门——每个院子都有大铁门的，所有的铁门都被拿走了。科学院没这么干。我们也有铸铁门。我们常常有外国客人，要是铁门被融化了，会给他们留下什么坏印象？……要是跟朋友们聊起来，这就被称为"豆腐渣"，就是没啥用的东西。想想花了多少工作时间、花了多少材料，但是计算是很简单的。每个中国人生产一公斤钢，中国就有世界第一大钢产量。

中国共产党政府提高了中国科学研究的体量。1958 年中科院得到了很多钱，建立了三个独立的研究所，一个是生理研究所，一个是生物物理学研究所，还有一个生物化学研究所。同事们被分到了不同的研究所里。新的特殊研究领域发展了出来，与复旦大学谈家桢遗传工程研究小组建立了紧密的合作。研究领域要按照三个基本方向进行。实用的研究也用于军事方面。最后认为缺乏合格的研究人员的情况必须要解决，就把技术员培养成了科学家。

1956 年，我成了教授。我有一个助手，与她很好地合作了好多年。⑧我还有技术人员和研究生。他现在在加拿大。你当了教授，就能有研究生了。有一个全国性的名单，每个研究领域都在上面，从事研究的个人都可以申请。当然他们要先经过一个考试，有机化学、物理化学和生物化学的考试。每个人会得到一个分数。如果更想做有机，比如合成胰岛素，就需要在有机化学上有更多的知识。物理化学要做超级离心，那么就要有很高的要求。

我在"大跃进"年代是实验室的主管。后来有机化学就很实际了。我们在做的就跟工业品相关了，也有与国防有关的东西。

从上面传话下来，我们应该要做实用的抗生素。有机化学做了各种各样有可能的事情，可的松这些类固醇的东西。这是很明白的，汪猷是威兰的学生，从慕尼黑来，类固醇他当然是知道的。

他们做越来越多的工业品，这可能也与国防有关系，也就跟放射生物学之类的东西有关了。从刊物上我们读到，比利时找到了什么物质，被认为是有用的防放射物。那时候，这是很先进的。有机物合成了化合物，我们试验过，看它是不是有什么能防止放射线的效果。我们后来再也没有做与抗生素有关的事情了，而是做这类测试，在小白鼠以及存活下来的小白鼠身上做试验。他们建立起了核工业，核弹也要造的。那么防射线，就非常重要了。

然后就有军事项目了，同事张丽青说，生产人工血浆，在有可能发生的反"台独"战争里做血液储备。

有一天，一个军人来到实验室。当然他看见了我，不高兴了。为此所里的领导对我说，这件事我不要再做下去了，他们把我又调回了生化所。

孟威廉第一次被当成了外国人。他至今为止都被当成科学家，他的同事也这么看。他的出身并不重要。现在，军事项目里的人们想起了他的出身是个危险。

我当然非常生气，也表达了我的愤怒。我的同事的愤怒是看不出来的，但是我的却写在脸上。这时候王德宝一直对我说的话也没用了，他总是说："take it easy, live longer!"（看轻些，能活得长！）我为此写了一张大字报，但其实更准确地说，是我的手下同事们帮我写的。他们觉得不对，认为不应该。但是这就是说，我现在得离开有机化学所，重新回到生化所。

生化所立即接纳了我。他们当然是做基础研究的。他们根本就不做实用的。也就是说，如果要做基础研究，那么就必须要有理性思维，也就是研究科学上重要的事情。每个教授都做自己最喜欢的研究。自下而上都如此。客气地来形容，就是助手们会来"报名"。王应睐教授是剑桥毕业的，他的大半生时间都在做发酵酵素、细胞色素氧化酶和琥珀酸脱氢酶。他说："细胞色素研究已经不重要了，我们现在必须研究核苷酸。如果你们要做基础研究，那么就真的要做基础性的。"老教授们没办法在自己喜欢的领域里做研究了。这被从下面就批判了。上面是否敢这么批评？我觉得，会的——我不能说这会带来危险——但是无论如何会被鼓励起来，反正就是不可能了。

后来我们试图给技术员上课，把他们培养成科学家。干部们就是这么要求的。但是，这没有成功。要求显然太高了。既要工作又要照顾家庭，我不知道，还得要学习化学和生物化学的基本知识。这是太多了。这会符合毛的想象，但是行不通。

按照"大跃进"的做法，中国的整体发展进度受到很大破坏。很多人被想方设法弄去炼钢，这个巨大国度有巨大的人口数量，竟然找不到足够的劳动力了。农业经济被忽略，因为农民们没时间种地了。在北方没人种麦子，南方的农民没有时间在水田里种稻子，水牛也没用了。水牛要么虚弱无力，要么被煮到锅里了。

不幸的是，这个时期的气候条件也很坏。灾难性的歉收，统计数据很不准确，但被美化了。在1958年到1961年间，农村居民经受了特别严重的饥荒。中国历史上不断地出现饥荒，人们都习以为常，由于"大跃进"而产生的这一灾难的严重程度比得上历史上的严重饥荒。[⑤]

作家丁玲（1904—1986），被送去农村改造，不得不在养鸡场养鸡。她曾经说，她本来想要教农民们认字的，但农民们身体太虚弱，根本无法集中精力听课。因此，丁玲就给他们讲自己的人生故事来吸引他们的注意力。⑧

科学院的研究者们没有受到如此的磨难。他们一直都有足够的粮食。脑力工作者每个月每人得到的配给口粮大米是28磅。也有足够的黑市，很多东西都可以交换，比如，一个月的工资可以买到一只鹅。尽管如此，饥饿还是在日益靠近。当孟威廉的一个女同事给小儿子念武侠小说时，小孩子问："能不能把英雄拿来吃？"

从1958年开始，孟威廉那些从事于生理学、有机化学和生物化学的同事们开始集中研究核苷酸了。他们研究的重点在于电离辐射对核苷酸的影响，因此从1961年起在科学院学报上发表了有关辐射对生物影响的论文。这一时期他们首次与其他省市的研究所和科学家们建立了正式的联系，以前跟外地研究者几乎没有来往。除了那些早年在国外就互相认识，或者在同一个实验室一起工作过的研究者，这道看不见的障碍是无法突破的。

1960年科学院资助了一个全国的生物化学研讨会，在上海的一家大高楼里的宾馆举行。孟威廉也参加了。他的语言能力此时已经好到足以用中文发言了。这一年曹天钦在《科学通报》上发表了一篇文章《关于蛋白质的结构和功能》。曹的这篇论文将人们的注意力吸引到了一个更深入的中心题目，中国研究者们已经开始攻克的蛋白质合成。

其焦点是很高难度的项目：合成胰岛素。⑨孟威廉回忆这个成功的研究项目，还有很深刻的印象，当时的目标就是要证明中国的科学研究的进步性。如希望的一样，这个研究名声大噪。一方面政治上得利，因为这种开创性工作向西方证明了社会主义制度的优越性——就像苏联以其人造卫星已经证明了的一样。另一方面，这类项目的成功不仅向西方证明，同时也向苏联证明，中国科学上是独立自主的。直到现在，中国在科学和技术上的最高成就还是展示其独立自主。[⑩]纯粹从专业上来看，合成胰岛素项目提供了如何生产多肽分子的可能性。

要实现这一目标就需要所有人共同努力。合作工作越过了各省的边界，与北京的科学院接触，也不可避免。特别的技术和技术手段要培养和发展，一开始是在小实验室里，接着就以工业化的规模。1960 年到 1966 年每隔一段时间就会在《科学》杂志上发表有关合成过程的不同步骤的论文。

他们开始对蛋白酶的结构和效果做研究。那是掌握蛋白结构的开端。他们也必须有相应的技术手段才行。然后是合成胰岛素。他们就说，如果是这样，我们就要当第一名，把蛋白合成。尽管他们把胰岛素归类为蛋白，可是这也还可以讨论，从多少氨基酸起可以算作蛋白质。但是无论如何，技术上是很难做的。开始我们大家一起做，什么别的事情都不干，制作多肽合成。我们做出了简单的多肽。难度高的寡核苷酸，是这方面的专家做。我们日以继夜地工作。夜班很受欢迎，因为厨房会额外送来包子或面条。

我们当然需要很多材料。算一算的话，一共算起来有 50 个氨基酸。如果做得好，能提取到 90%，这是很难的。可以试想一下，一开始得用多少，最后才能得到 1 毫克或者 2 毫克。他们用的是德累斯顿一个生化学家的提取技术。我们所里有一个工厂，生产化学品，供我们的需求。要是预定化学品的话——那时航空业还不像今天这么发达——那就很可能要从英国或者别的地方用船运。当然这些生物化学品，假如是酶的话，根本活不过红海。我当然就自己和助手一起合成了，"自己种根"，我们在实验室这么说的。我们完成以后，就给了工厂的人。然后我们就帮助他们在工厂里大批量生产。之后我们只需要订货就行了。他们做胰岛素必需的大部分的多肽就是这样生产出来的。

假如所有东西都要自己做的话，花的时间就太长了。有的人是自己做，麻省理工学院（MIT）的霍夫曼（Hoffmann）或者 Aachen Wolforschungsinstitutl 的扎恩（Zahn）先生。他们做了同样的事情，一直来问，我们进行到了什么程度……但是他们都没有那么多需要来做合成的人。"文化大革命"前，1965 年，我们就完成了。我们连很细小的细节都做到了，晶体化，还做了 X 光射线测试，找不出毛病。这是最早的人工合成蛋白质，而且还是生物学意义上活着的！

世界上第一个人工合成胰岛素是化学家赫尔穆特·扎恩（Helmut Zahn, 1916—2004）做出的。他与其团队早在 1963 年就做成功了。对中国的竞争项目来说，这是令人沮丧的，没有达到第一名的目标。走自己的路，独立自主完成的这个目标，说明了几乎等同于形象得分。

王应睐在 1966 年华沙举行的一个生物学学术会议上报告了中国合成胰岛素的研究之路。那时他的听众里有一个人 Hans Georg-Zentrum，来自科隆，后来是慕尼黑大学的生理化学教授。他在其私人的生活传记里记录了这件事，说对这一成就印象深刻；他也问自己，为什么中国，一个发展中国家，能够做出这一复杂且那么花钱的项目！

　　这一方法也可以用于检查结构和效果之间的关系，确定哪一些氨基酸是对达到总分子效果所必需的。

　　我们这个研究小组的工作，是从特殊的蛋白中得到无细胞的合成。首先要找到大肠杆菌，通过形成酶找到大肠杆菌。我们就先把相对容易隔离的大肠杆菌碱性磷酸酶做了出来，因为很容易隔离，然后就做出了血清抗体。

　　为了识别无细胞合成的蛋白质，就要找到一种形态，在磷酸盐形态下也存在磷酸酶。血清抗体是从兔子身上提取的。然后我们就要花很长时间用完全消毒的酶给兔子免疫接种，要非常干净，我们才能辨别蛋白质是不是合成的。好长时间，我们就在做这个事。我们差不多就要完成的时候，就是马上可以做主要试验的时候，"文革"来了。

中华人民共和国的成立，给共产党提供了建立一个自己愿景中的中国的机会。一个问题马上就被提了出来，这就是几千年传统的重要程度。毛泽东在 1938 年发表文章，《中国共产党在民族战争中的地位》，断言说："今天的中国是历史的中国的一个发展；我们是马克思主义的历史主义者，我们不应当割断历史。从孔夫子到孙中山，我们应当给以总结，承继这一份珍贵的遗产。"[31]

在中华人民共和国早期教育领域，直到与苏联关系恶化后的 1962 年，中国自己的教育传统完全没有反映出来，苏联教育作为榜样处在中心位置。到 1950 年代末、1960 年代初，才有了关于社会主义中国教育的意义的深入讨论。苏联撤回专家，突显出了自己专

1960 年代孟威廉的同事们在开会讨论，左一是汪猷，左二是王大琛

孟威廉的工作证

家的紧缺，中国要尽快培养自己所需的专家。

儒家从来就被视作中国最重要和最有影响力的教育理念，现在又回到了讨论的中心——也有很多的赞成者。不少马克思主义者强调，儒家应当在社会主义教育体系里占有位置，因为儒家发展出了各种论说，形成了平等的教育思想。

有一条很著名的教育伦理名句，描写儒家认为教育学生要有教无类，就是说，不管什么人都可以受教育。㉒儒家学说看来对现代的社会主义社会也是不可放弃的思想来源。

在"文革"的初期，这一信念突然被终结。

教育领域，特别是大学、师范大学和科学院首先成了"文化大革命"的靶子，他们"砸碎旧思想、旧宗教、旧文化"。看来，"旧"在新社会里隐藏得最深的地方，就是教育界，关闭所有大学、中学就成了逻辑发展的必然。老师和学生被号召参加"破四旧"运动，这时已经不能坐在教室里了。

儒家所说的"有教无类"，现在被一个无名作者唐晓文（党校文的同音——译者注），其代表的实际上是党校，批判为解释错误。几年之后，一直到"文化大革命"结束后，儒家遗产才重新被冷静地讨论，但是孟威廉已经不能经历这个时代了。㉓

孟威廉的同事们不再被允许去实验室工作。各类书籍都不能看，出了正式的宣传书和革命书籍。中科院的图书馆关闭，研究者们无法继续学习。科学，连同自然科学，都被作为资产阶级思想，也就是被看作没有价值、对社会主义社会发展有害的东西。从1966年起，就不再培养大学生了。大家都必须学习毛泽东思想。孟威廉独自一个人在实验室里。他离开时，中国处在一种境地，让他想起将近30年前在海德堡时的孤独情形。

实验室关了。说是"文革"开始了，不做实验了！没人确切知道，这是什么意思。我们渐渐明白，这是针对知识分子的运动，后来还针对老干部。

实验室被抛弃了。我可以去实验室，他们没有禁止我去，我也应该可以独自工作。但是只有我一个人，身边什么人也没有。我可以穿过整个研究所，两边贴满了大字报。⑱但是不允许我看。我也不想费这个力气。我不想去弄出麻烦。我的处境实际上算不得危险。

我可以去公园散步。没人干扰。顶多是有人在马路上散步，可能有些小孩子在我后面喊，没什么特别的，但是的确是真的很反外国人了。

我跟人的接触，跟以前比，没那么多了，因为每个人都忙着自己的事情。他们要预备着被批判。很老的干部也会被批，比如一位老将军，科学院的主要领导，参加过长征的老干部。

不过，我并不知道这些事。他们后来在 1989 年我去的时候才告诉我的。⑲我的朋友徐京华说起《东方红》⑳那首歌："'毛是永远不落的红太阳'是不对的，太阳升起来，又落下去。"他被整得厉害，但是他活下来了。那个时候我都没办法跟他们说话，我只能看着他们被人攻击。

我回忆起一个女同事，我都不知道她是学什么的，她以前被日本人迫害得很惨。他们把她也整得很厉害。科学院那时候就是这样。

我当然还有些，不能说是特权，但是有点儿优待，这是我得承认的。这是因为，他们把那事看得很重要，就是我在贵阳参加了抗日战争。这在解放后当然算是功劳。有一个老将军，也参加过长征。他没多少文化，也没架子。令人惊奇的是，这些人很低调。有一回我去疗养——在杭州，一个疗养院里，我被送去做三个星期的疗养。他也在那里疗养。我跟他聊天。有一次，他突然对我说："我还从来没碰到过你这样的外国人。"他接着说："如果你想要什么的话，可以来找我，不需要走一大圈程序。"我得说我还从来没有利用过这个便利，也没那个必要。

孟威廉在上海的最后一篇论文，发表在了 1966 年《科学通报》上（176—178 页）：《硫脲嘧啶存在的情况下大肠杆菌对碱性磷酸酶的改变》（*The Formation of an Altered Alkaline Phosphatase by Escherichia Coli in the Presence of Thoiuracil*）。是回家乡去的时候了，在德国继续自己的事业！

第十三章　回国

　　1950 年代中期中国政府提出过这个问题，就是孟威廉这样的外国人算是哪国人。孟威廉尽管被纳粹剥夺了德国籍，他却仍然觉得自己是德国人。战争期间，一个穿中国军服的美国军官问他，是什么国籍的，孟威廉回答他"I am German"（我是德国人），这个美国人有点儿惊讶，想了想说："我们与共同的敌人作战。"

　　联邦德国驻中华人民共和国的外交使节驻扎在香港。无国籍的德国人可以在那里申请，并且很快能重新获得德国国籍。孟威廉却情愿回到民主德国，不仅是因为他的政治立场的关系，而且也因为他最好的朋友顾泰尔在东柏林。在贵阳时，那是 1946 年，他给姐姐艾琳的一封信里，强调一定要回德国，因为"我不想当外国人"。那些上海的孩子们没有把他当作外国人，而是把他当作自己人中的一分子，是孟伯伯，是他所愿。但是在 1966 年的上海，这已经不可能了。

　　我为什么要回民主德国？首先我在联邦德国没有认识的人了，而且那里令我不满的是，格洛布克（Globke®）去接受了荣誉。再加上我的朋友在民主德国，就是顾泰尔，在贵阳的时候我们一直在一起。我其实就是去看他了。而且，在后来我得

到一个新公寓之前，我就住在他家里。他在柏林 Buch 的住房
很大。有段时间他是病理室主任，后来在哈雷当病理学教授。
那么，问题是我得要找工作。他帮了我的忙。

1955 年 3 月 30 日，孟威廉写信给民主德国驻北京大使馆，请
求给他民主德国国籍的认可。这一申请根本没有得到民主德国官方
快速的正面答复。负责此事的官员不确定该如何处理此事。两个多
月后，孟威廉又给大使馆写信，指出联邦德国大使馆在这类申请的
处理上的快速。他的申请就此引发了民主德国驻北京大使馆紧急向
柏林的外交部提出，在中华人民共和国的"前"德国人要求重新获
得德国国籍的问题。1955 年 5 月 6 日民主德国大使馆的二秘写了一
封信：

> 1955 年 3 月 30 日，上海的孟威廉先生给我们大使馆写了
> 信。他申请获得民主德国的国籍的认可，并要求获得护照。孟
> 先生出生于 1916 年 3 月 22 日，父母是曼海姆出生的犹太人，
> 父亲是精神科医生。1938 年，孟先生移民到中国。我们通知
> 他，由于德国的特殊情况，那些 1945 年前离开德国的德国人
> 重新获得德国国籍的问题尚未有解答，但是我们登记了他的申
> 请，在这一问题做出决定后会给他答复。
>
> 　现在我们又收到孟先生的一封信，抄送在此。从这封信里
> 可以看到，国籍问题的解决是多么紧迫之事。再加上，同样的
> 情况，波恩驻香港总领事馆在这一事情上处理特别积极，他们
> 在中华人民共和国也得到了反响。当然这个问题原则上不是对
> 所有德国人的，因为在中华人民共和国还有大量的原德国人，

他们不倾向于民主德国。每个申请都要区别，做个体处理。对这一问题的规则，我们很可能需要我们的中国朋友的协助。

我们认为这是我们的义务，特别向您指出波恩驻香港总领事馆对住在中国的德国人的申请有求必应。此地德国人会对波恩的工作和我们大使馆的工作做出比较，而结果是对我们不利的。⑧

此后显然在没有看到进展的情况下，1955 年 6 月 20 日，远东处中国部主任、首席发言人（Hauptreferent）Jaeschke，写了以下提出警示的信件：

我们商量后一致认为，这一问题的快速解决之必要性，在此事上体现得更为明显。⑨

孟威廉终于得到了有效期到 1963 年 6 月 10 日的民主人民共和国的"德国国籍者护照"。

孟威廉与德国官方机构的首次直接接触，是 1956 至 1957 年通过民主德国在上海的商务代表实现的。后来进入"文革"时期，他不再被允许进入有机化学实验室后，他当然也不能与同事们一起参与政治。孟威廉多次与民主德国的领事馆成员碰面，他们一起去看现代京剧等等。

1961 年，孟威廉第一次从上海出发去欧洲。他在圣诞节期间看望了母亲，她已 85 岁，独自在伦敦生活。他没有忘记，母亲很注重良好的行为与教养。他回忆说，她很"挑剔"，因此他在上海专为此行定做了一身西装。去伦敦的旅费是他的母亲通过中国银行汇给他的。他决定乘飞机，在中国弄到了价位便宜的机票。

在英国，他很快与曾到访贵阳的李约瑟取得了联系。李约瑟还记得在图云关见过这位年轻的化学家；可能他又查了一下他的卡片，那上面写着"好化学家"。他就邀请他去剑桥凯斯学院（Caius College）访谈。

圣诞节孟威廉是与母亲一起去住在的里雅斯特的姐姐艾琳家度过的。大家聊得最多的是这个远东来访者的未来。母亲没有强求他回欧洲，但是在 1962 年 1 月回上海之前，他与姐姐和姐夫提到了这一可能性。他坐车经过布拉格到东柏林，停留了几天，与他贵阳时期的同事兼好友顾泰尔碰了面，他是民主德国医疗组织的创建者之一。

顾泰尔在国内和党内有很深的根基、很好的关系。在 1961 年去越南时，经过北京，他还见到了傅拉托，他当时任波兰驻北京大使馆的一等秘书。顾泰尔向他打听：

> 那个毛头小伙儿孟威廉现在怎么样了？他是上海的医生！顾泰尔说，不可能吧！但是，他因此就知道了我的情况。我也得知傅拉托在北京。我们最后一次碰头还是 1945 年 5 月，傅拉托回波兰之前。

孟威廉在上海必须每年都去延长居留许可。1966 年已经任哈勒大学病理学教授的顾泰尔发来了邀请函，请他去民主德国访问。孟威廉把收到这份邀请之事告诉了他的领导王应睐，说自己很想去。"文革"高潮到来之前，谁都不知道接下来会发生什么，深感不安。孟威廉没有明确说出，这次离开是永久性的。王应睐支持他

孟威廉（右）与傅拉托（在 20 世纪 60 年代）

的想法，孟威廉就申请了出国许可，去柏林访问。他的编号为138503 的民主德国护照上，写着有效期为 1966 年 9 月 5 日到 1966年 12 月 30 日。他获得了民主德国的居留许可，同时他还有了"1966 年 12 月 30 日前离开中华人民共和国的一次性有效许可"。以这种方式，让中国方面得到这是一次访问旅行的印象。

8 月底孟威廉坐上了上海开往北京的火车。科学院帮他打包了行李，并用了一辆卡车送去车站。他的太太留在了上海。一同离开，对她来说是不可能的。与外国人一起走，她会被当成反革命？也许她以后能来？

要坐 28 个钟头的车，仅仅是火车渡过长江就要用好几个钟头。没有大桥，火车是一节一节从南京轮渡过江的。

在北京，他停留了 3 天。他决定这次乘火车。

因为如果乘飞机的话，我就什么都看不到。

他得去办理途经各国所需的签证，蒙古、苏联和波兰。他在相关中国机构并未得到友好待遇，他得到了出境许可，但是有附加条件，只能在规定的几天之内出境去蒙古。他知道，这其实非常困难，蒙古是苏联的触手，边境官员的心情和与蒙古国之间政治形势的发展，都会造成影响。他与中国官员讨论这个附加条件时，觉得自己被当成了不受欢迎的人。

民主德国的大使馆提供了很多帮助。他还得到了提醒，让他到东柏林开始工作之前，要申请去伦敦看望母亲。孟威廉没有注意到这个提示的重要性。到他在东柏林安定下来后，他去看望母亲的申请就不被批准了，几年之后她病重时也未被批准，直到她 1972 年在伦敦逝世，这让他极为痛苦。一直到她的姐姐艾琳在 1980 年在的里雅斯特病重，他才得以出境，"因为现在他退休了"。

孟威廉在北京还有点儿时间，可作为观光客看看这座城市。骆驼，如同《一千零一夜》故事里一样，穿过城门，给他很深的印象。

在规定的时间里，他坐上火车离开北京火车站，目的地莫斯科。孟威廉在规定日期之内到达蒙古边境，过边境没有遇到任何问题。跟他一同坐火车的一队法国游客被拦了下来。他们衣服上别着毛主席的徽章，拿掉后才被允许过境。

旅行很舒适，甚至奢侈。他一人一间包厢，还带独用洗手间。茶水会端来，吃饭是在餐车，用餐券。只要是还在中国境内，食物非常好，到了蒙古就差一些。在有的车站，列车会停留半个小时，就会有商贩来售卖水果和干果。

列车经过戈壁滩，与孟威廉想象中的不一样。这里不是沙漠，而是孤零零的灌木丛和石头堆。铁轨一路往北深入山中；在图拉河河谷，他们抵达了乌兰巴托，蒙古人民共和国的首都。再往前穿过群山到西伯利亚，经过浩渺的贝加尔湖，中国人也称之为北海。下一个大车站是伊尔库茨克，是北京来的铁路线与西伯利亚铁路线的交汇地，从这里开始就是苏联的铁轨了，乘客们必须下车，车厢下面的轮子必须换过。

乘火车去莫斯科，路上一共要六天。孟威廉到莫斯科时，民主德国大使馆的人在那里接他。他们交给他去柏林的车票，半天之后他就继续乘火车向西。在波兰边境布列斯特（Brest），所有旅客被要求下车。为什么？他一开始不明白，他站在那儿，没有行李，因为放在车厢里了。他在站台上走来走去，环视周围，突然穿制服的人向他走来，叫"Dawei, Dawei！（快啊！快！）"。他的火车在另一个站台。经柏林往哥本哈根方向去的车，已经准备开动了，换成了中欧轨距的车轮，列车员已经关了车门。孟威廉立即奔跑，在最后一秒赶上了火车。没人再查他的护照了。

一天以后，1966 年 9 月 1 日，他抵达东柏林。28 年后他又回到德国，却没有人来迎接。他独自一人带着行李站在火车站。估计是出了什么差错，顾泰尔的儿子本来应该来接他的，却没有来。住宿介绍处的人对于远道而来的他很友好，给他订了卡尔·马克思大街上贝罗利纳旅馆（Berolina Hotel）的一个温馨的房间。

第十四章　东柏林

多么不一样的世界啊！上海的街上摩肩接踵，熙熙攘攘，人声鼎沸，商店开到深夜。而这里，柏林，到处显得那么荒凉。孟威廉上一次到柏林来是在 1937 年，来看望母亲最小的弟弟林德曼，他是医生。这里已经没有他了。这座城市灰蒙蒙的，到处残留着战争的明显痕迹，有被炸坏的房子，很多地方还有废墟。给孟威廉留下很深印象的是"Kommode"，以前是王家图书馆，损坏严重，正在重建。

顾泰尔得知他到达后，把他请了去，让他住到他家里。一年后他分配到了自己的房子，在普兰茨劳尔山（Prenzlauer Berg）的布鲁诺·陶特居民区（Bruno Taut-Siedlung）。这套房子非常宽敞，有两个房间、一个厨房，还有浴室，还有非常重要的——中央暖气。

孟威廉去各个大学看了看情况。他的朋友顾泰尔带着这位新到的朋友一起去拜访了拉波波特（Rapoport）教授，他们俩很熟悉。塞缪尔·拉波波特（Samuel Mitja Rapoport，1912—2004）是民主德国大科学家之一。拉波波特三次流亡，他们两人希望他因此而对孟威廉的处境会有特别的理解。[①]

顾泰尔事前已经向孟威廉示意，不要提起他在中国已经是教授级别，因为那样的话找职位会更难，因为民主德国已经跟随苏联，与中华人民共和国不再友好。孟威廉给拉波波特递上了他的简历以及 20 篇发表的文章。

　　拉波波特果然尽力为孟威廉寻找合适的工作，给他介绍了一个职位，是夏里特医学院的微生物研究所，在 Schabinsky 教授手下做助理。因为那里正在筹建一个新的生物化学部门，孟威廉以他的经验和知识，正逢其时。其他同事是刚从耶拿调来的。他们从无到有建起了这个部门。孟威廉这才正式向上海的科学院辞职。原本他算是休假，所以工资还是一直汇来的。他的中国太太写信寄给在柏林的他，想要随他而来。她显然没有得到批准，最终离婚。中国驻柏林大使馆介绍了律师。

　　　不过我还真的是运气好，微生物学，就是夏里特的微生物研究所，正好在建新的生化学部门。⑩估计我是唯一有些生化和微生物方面经验的。就是说，这些同事跟我一起开始组建这个部门，他们本来一点儿也不懂如何做此事。这当然是个好事。我们开始拿大肠杆菌开路。我们必须大量培植，才够用来做医学实验。大家对大量培植都没有经验。

　　　我们基本上是在空无一物的房间里开始做。在此之前，我的同事们和我一起清理屋子，比如把他们微生物学必用的、养动物的笼子扔掉。很幸运的是，我在柏林能够从头开始，也就是说，不是在已有的实验室工作，没有现存的架构。不然的话，我肯定就是个外来者。我跟年轻同事一起从零干起。

　　　然后我就被正式录用了（1966—1990）。一开始我是助理，然后是高级助理，接着就是生化遗传学部主任。也就是说，我有一个实验室。

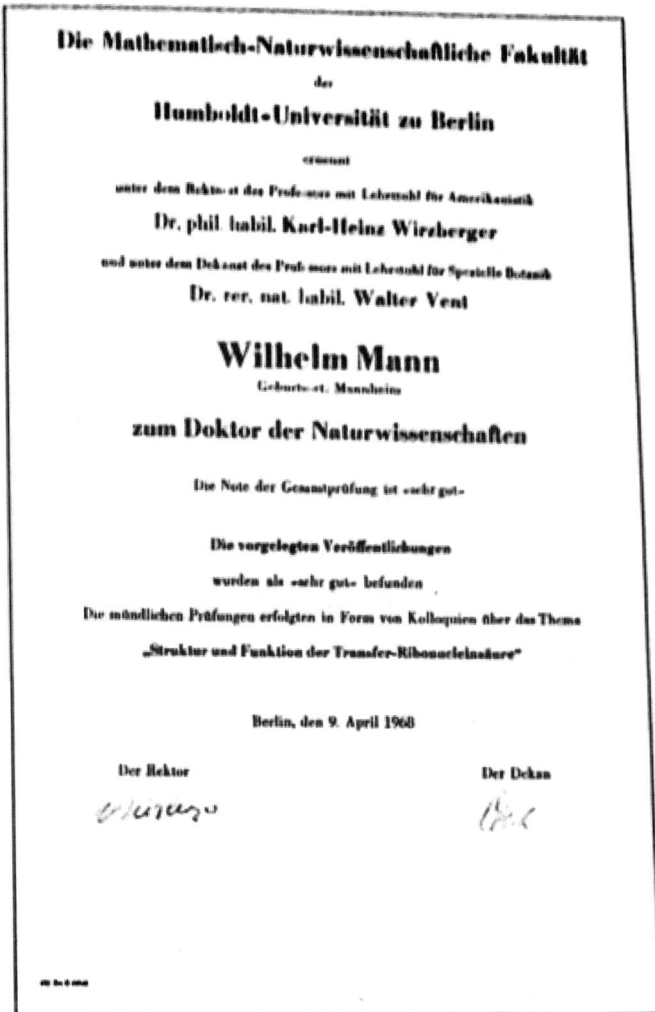

Die Mathematisch-Naturwissenschaftliche Fakultät

der

Humboldt-Universität zu Berlin

ernennt

unter dem Rektorat des Professors mit Lehrstuhl für Amerikanistik

Dr. phil. habil. Karl-Heinz Wirzberger

und unter dem Dekanat des Professors mit Lehrstuhl für Spezielle Botanik

Dr. rer. nat. habil. Walter Vent

Wilhelm Mann

Geburts-ort. Mannheim

zum Doktor der Naturwissenschaften

Die Note der Gesamtprüfung ist »sehr gut«

Die vorgelegten Veröffentlichungen

wurden als »sehr gut« befunden

Die mündlichen Prüfungen erfolgten in Form von Kolloquien über das Thema

„Struktur und Funktion der Transfer-Ribonucleinsäure"

Berlin, den 9. April 1968

Der Rektor   Der Dekan

孟威廉的博士学位证书（1968 年 4 月 9 日，柏林洪堡大学授予孟威廉自然科学博士学位）

在这期间，我还读了博士，因为在中国当时读不了。我就又得要用功了。因为有机化学之类的，我已经很久都没接触了。这是化学类必考科目。

1968 年，在夏里特举行了博士考试。就他的博士论文题目《转移核糖核酸的结构和功能》（*Transfer-RNA als Struktur und Funktion*）口头陈述 40 分钟，这是口试，包括主科化学的无机化学、有机化学和生物化学以及他的副科动物学。

在新环境里，孟威廉还需要适应。基本上他还是觉得自己是南德人。德国对于他来说，熟悉的就是曼海姆、弗莱堡、海德堡这些城市。周围的山峦是他熟悉的故乡画面，以前在德国时是这样，后来在中国的时候也是这样。柏林让他觉得太平坦、太粗糙。孟威廉在中国的时候，与他的同事们一样都穿着简单，这些衣服他也带到了柏林。他的西装很朴素，第一次走进研究所时，管理员问他是不是要来接替自己的工作。

大学里的等级森严，还有那种说话方式，让他很不习惯。对手下的粗暴批评，没有对其优点的表扬，对来自中国研究所的他是很不适应的。他对新同事说起过这种与他以前工作环境的不同。

但是在 1980 年代末的转变之前，他几乎没有对人说起过自己在中国的经历以及对中国的看法。洪堡大学的学生知道他是从中国来到柏林的，有时候要他参与中国问题的讨论。孟威廉总是避开："……我一直拒绝。我不想去。我不知道他们的目的是什么。"到柏林两年后，他被要求加入 SED（德国统一社会党，也就是民主德国执政的马列主义政党——译者注）："他们也帮了我嘛，我觉得自己有义务参加。"

孟威廉（摄于 1968 年，柏林）

孟威廉和安娜·哈格宁，1972 年

不过，当 1972 年两个安全部的官员找到他，想要他加入他们的工作时，孟威廉拒绝了。他后来的太太说："也没拿他怎么样。"孟威廉插进来说："只要你愿意，还是可以说不的！"

渐渐地，柏林的生活和研究所的工作成了孟威廉的日常。生活很轻松，也因为 1967 年他认识了安娜·哈格宁（Anna Hugnin，生于 1930 年）。安娜·哈格宁在 Buch 科学院做医学技术助理。当一个新的研究重点要迁到那里时，那里却缺乏有实践经验的专家。安娜被借调到夏里特病毒学研究所，来学习"细胞培植"。她在那儿通过熟人遇到了孟威廉，大家都知道他在中国实验室里做过生化工作。

当安娜告诉他，自己在培植细胞上遇到了困难时，孟威廉给了她重要的指点，使实验获得了成功。孟威廉也成功地邀请安娜去柏林歌剧院咖啡馆：安娜·哈格宁和孟威廉于 1972 年 12 月结婚。

第十五章　重见上海

　　孟威廉与上海研究所同事们的联系，在"文革"期间和之后，中断了很久。他自己没有试图改变这种情况。1987年从夏里特病理学研究所打来一个电话：有一位中国生理学女教授在他们那里参加学术会议，想跟孟威廉通话。他们立即就见了面，女教授带来了上海以前同事们的问候。不久孟威廉收到了徐京华的第一封信，他是孟威廉的多年好友，"文革"中经历了极为困难的一段时期后，现在恢复了生物数学家的工作。徐京华邀请孟威廉去上海访问，但是徐京华个人无法资助这趟旅行。他自己的住房也没办法接待孟威廉，而住旅馆又太贵。

　　一年之后，以前上海科学院的同事兼论文合作者王大琛，经过布拉格来到柏林。王大琛是来参加布拉格国际生化学会议的，带来了一份官方的邀请函，邀请孟威廉和太太于1989年3月到中华人民共和国访问四周。上海的研究所在筹备建所40周年的庆典，利用这个机会，要极其隆重地展示出中国的科学研究又有了未来，并且可以自由发展。孟威廉是很受欢迎的荣誉嘉宾。他可是从建所开始，在那里工作了17年。他接受了邀请，又一次踏上去中国的旅程。

1989 年在上海与以前的同事们聚会，从左至右：王大琛、戴立信、土开源、孟威廉、汪猷

当孟威廉与太太到达上海时，他想起 50 年前（1939 年初）抵达上海时的寒冷。没有暖气，这使他不得不先去百货公司买保暖内衣。但是与 1939 年相比，对孟威廉来说，这次可不再是前途渺茫地来到异国他乡了。

当他以前的同事们热情地欢迎他的到来时，他觉得"好像我只不过刚度假回来"，像是回家。他想要告诉太太所有他住过、工作过、读过书、吃过饭的地方，还有他散步去的地方，似乎要让她也喜欢所有地方。

他们住在科学院院内的宾馆，那里以前是法国领事馆，从窗口望出去是图书馆。

当我到科学院，走过底下的大门时，走来一个女孩儿。我跟她说，要给我太太指点一下我以前住过的地方。她就走进去了。看门的很可能是我从前夜校的同学，可以这么称呼他。他本来坐着，立刻跑了出来，跟我拥抱，看得出他真的是很高兴。他就一路陪着我。他是我一起学中文的同学。我们一起上夜校。尽管我以前在大学里学过 1 500 个汉字，不过嘛，不练习的话很快就忘记了。反正，他高兴得不得了！这是发自内心的，可以从他脸上看出来。

安娜和孟威廉游览长城（1989 年）

尾声

孟威廉以97岁高龄于2012年辞世。2012年11月1日,他被葬在潘科(Pankow)公墓三区,一块专门留给纳粹受害者的墓区。在他长眠之地几米之外,是他贵阳时期最好的朋友顾泰尔的墓地。

孟威廉见证了"新中国"的建立。直到离世前不久,他还在热切地阅读着德语和英语的有关中国变化的书籍。那块土地曾经是他的避难所,如果1966年在科学院里没有被当成外国人而感受到孤立的话,那里差一点儿就成为他的第二故乡。1938年,在海德堡大学,他作为犹太人曾受到极大的孤立。他不得不认识到,这个2012年的"新中国"与他熟悉的那个中国几乎没有了什么共同性了。在那个中国里,他自己以及他的中国朋友和同事,为了更好的未来而奋斗却经受了磨难。这让他怀疑,他和他的同伴们当年是否活在虚构的幻想中。

孟威廉的生平故事是组成我们历史的拼图中的一块小碎片,跟其他碎片一起组成了历史画面。

时间表

1894—1895	中日甲午战争
1912	中华民国建立，孙中山任临时大总统。皇帝退位，清朝结束
1915	日本提出"21条"经济特权
1916—1927	军阀混战时期
1917	中国参加第一次世界大战
1919	《凡尔赛条约》将胶州湾让给日本，引起五四运动
1921	中国共产党成立
1924—1927	国共合作
1927	国民党终止与共产党的合作，国民党南京政府成立
1927—1934	共产党在农村建立苏维埃根据地
1931	日本侵占中国东北
1932	日本的傀儡政权"满洲国"成立，溥仪为"皇帝"
1934—1936	"长征"：共产党从南京政府的军队围堵中跳离
1935	共产党在延安建立了新的政权中心，毛泽东成为领袖

1937	国共建立抗日统一战线
1937—1945	全面抗日战争
1937—1938	日本闪电战
1939. 1	孟威廉抵达上海
1939. 9	第二次世界大战开始
1940. 9	日本与德国和意大利结盟
1941. 12	珍珠港事变/太平洋战争开始
1941—1945	太平洋战争
1945—1949	国共内战
1949	蒋介石和国民党军队撤退到台湾
1949. 10. 1	毛泽东在北京宣告中华人民共和国成立
1950	《中苏友好互助同盟条约》签订
1954	毛泽东任国家主席
1956—1966	政治运动
1966—1976	"文化大革命"
1966. 8	孟威廉离开中国

注释

① 摘自：www. jgm-net. de/geschichte/index. html，Geschichte der Juden in Mannheim。

② 居尔是 1939—1945 年间在法国的一座集中营，起初作为接收来自西班牙内战、反佛朗哥失败而逃亡的难民。从 1940 年 5/6 月起，即德国进攻法国的时候，法国政府将几千个外国人带到这里。这些人大多是德国或奥地利的犹太人，是 1933 年后逃到法国、比利时、荷兰和卢森堡的。维希政府称居尔是对外国人的"严酷度不高的集中营"。

③ 摘自 Sebastian Haffner：*Geschichte eines Deutschen*，Stuttgart，2001，p. 72ff.

④ Elcan Isaac Wolf 1777 年在曼海姆发表。

⑤ Christoph Maria Leder，*Die Grenzgänger des Marcus Herz. Beruf，Haltung und Identität eines jüdischen Arztes gegen Ende des 18. Jahrhundederts*，Münchener Beiträge zur Volkskunde，Münster 2007，p. 226.

⑥ 1902 年维也纳 J. L. Pollak 出版。

⑦ Heiz Schott，Rainer Tölle *Geschichte der Psychiatrie，Krankheitslehre，Irrwege，Behandlungsformen*，München，2006，p. 190.

⑧ Leder，2007，p. 228.

⑨ Klaus Hödl，*Jüdische Ärzte im Spannungfeld zwischen nationaler Identität und wissenschaftlicher Akkulturation，in Medizin und Judentum*，vol. 4，1998.

⑩ Leo Löwenstein（1879—1956），第一次世界大战中的上尉军官，1919 年 2 月成立犹太人前线士兵帝国联合会（RjF），以帮助参战的犹太人获得认可。

⑪ Karl Heinrich Wilmanns，1873 - 1945.

⑫ 1917—1933 年时的精神病医院院长。

⑬ Gordon A. Craig, *Deutsche Geschichte 1866 - 1945*, München, 1981, p. 499.

⑭ Gordon A. Craig, p. 476.

⑮ Gordon A. Craig, p. 504.

⑯ Werner Friedrich Kümmel, "Die Ausschaltung," 讲述纳粹分子如何将犹太人和政治上不受欢迎者排挤出去，使他们失去职位，见 Jahanna Bleker/Norbert Jachertz, *Medizin im Dritten Reich*, Köln, 1989, p. 32。

⑰ 卡尔·博施（Carl Bosch, 1874—1940），化学家兼工业家，把弗里茨·哈伯（Fritz Haber, 1968—1934）创建的实验室制氨法应用到了实践中。

⑱ Karl Freudenberg（1886—1983）是海因里希·威兰（Heinrich Wieland, 1877—1957）的学生，1921 到 1925 年间在后者的弗莱堡研究所任有机化学部门主任。威兰是著名的自由主义和反纳粹主义者。弗罗伊登伯格在 1926 年到 1956 年间在海德堡大学任教。他的研究领域是立体化学。1938 年他与 W. Kuhn 一起获得了诺贝尔奖。

⑲ 海德堡的学生。Akademische Miteilungen，栏目 "Vorstoß", SoS. 1936, Nr. 820. 05. 1936, 8. http：//digi. ub. uni-heidelberg. de/diglit/hdstud1929 bis1938/0910/image? sid=974cc8601da4dc832f52fc321bc76e0c。

⑳ *Wissenschaft und Zivilcourage-Betrachtungen zu Heinrich Wieland*, München，27. 01. 2004，p. 47。

㉑ 他的学生伯恩哈德·威特科普（Bernhard Witkop）记述，在一次工作谈话中间，一个实验员走进来敬 "僵硬" 的希特勒礼，威兰说："您不需要发火，这个年轻人昨天才来这儿。几天以后他就能学会如何正确打招呼了。" 见 Ulrich Wieland, "Ein Leben für die Wissenschaft, zum *70. Geburtstag von Heinrich Wieland*," Badische Zeitung, 7. 6. 1947。

㉒ *Wissenschaft und Zivilcourage-Betrachtungen zu Heinrich Wieland*, München，27. 01. 2004，p. 1。

㉓ Werner Friedrich Kümmel, "Die Ausschaltung," 讲述纳粹分子如何将犹太人和政治上不受欢迎者排挤出去，使他们失去职位，见 Johanna Bleker/Norbert Jachertz, *Medizin im Drintten Reich*, Köln, 1989, p. 32。

㉔ Ludwig Mann, "Mein Leben im Lager Gurs," in Thomas Bullinger, *Gurs：ein Internierungslager in Südfrankreich 1939ß1943*, Hamburg, 1993，pp. 10 - 11。

㉕ 魏玛时期的经济律师，创建了 GmbH 法律，获得曼海姆经济高校海德堡

大学等授予的荣誉博士头衔，1938 年经英国移民加利福尼亚。

㉖ 从 1937 年夏季学期开始汉斯・马丁・施莱尔（Hans Martin Schleyer，1915—1977）任海德堡学生会主席，www. hdg. de/lemo/impressum. html/biografien。

㉗ 海德堡大学学生档案 Wilhelm Mann。

㉘ 戴维・克兰茨勒（David Kranzler），《上海的犹太难民》。"The Jewish Refugee Community of Shanghai 1938 - 1949," in Roman Malek, Jews in China: From Kaifeng to Shanghai, *Monumenta Serica* Monogaraph Series XLVI, St. Augustin, 2000, pp. 401 - 415.

㉙ Astrid Freyeisen, *Shanghai und die Politik des Dritten Reiches*, Würtzburg, 2000, p. 396.

㉚ Yves Berna, *Politische Aspekte der Flucht europäischer Juden nach Chna während des Zweiten Weltkriegs*, Frankfurt a. M. , 2011, pp. 168 - 169.

㉛ Berna, 2011, p. 170.

㉜ Irene Eber, "Flight to Shanghai (1938 - 1939) ans its larger content," in Malek, 2000, p. 426.

㉝ 同上。

㉞ Berna, 2011, p. 71ff.

㉟ Alfred Dreifuss, "Shanghai-eine Emigration am Rande," in Eike Middell, *Kunst und Literatur im Antifaschistischen Exil 1933 - 1945*, vol. 3, *Exil in den USA*, Leipzig, 1983, p. 550.

㊱ Freyeisen, 2000, pp. 401 - 403.

㊲ Kranzler, in Malek, 2000, pp. 407 - 408.

㊳ Freyeisen, 2000, p. 404.

㊴ Barbara Geldermann, "Shanghai a City of Immigrants," in Geotg Armbrüster/Michael Kohlstruck/Sonia Mühlberger, *Exil Shanghai 1938 - 1947*, Berlin, 2000, p. 54.

㊵ Carl Ludwig Reichert, *Lieber keinen Kompaß als falschen*, München, 1997, p. 100ff.

㊶ Bernard Wasserstein, *Secret War in Shanghai*, London, 1999, pp. 141 - 143.

㊷ Reichert, 1997, p. 104。

㊸ Sonia Mühlberger, "Kindheit in Shanghai," in Armbrüster et al. , 2000, p. 24.

㊹ 1937 年 11 月起在抗日战争期间中国政府所在地。

㊺ 汉堡以色列医院。

㊻ Gustav Landauer，1870 - 1910.

㊼ “Nichts Menschliches ist mir fremd.”

㊽ Oskar Weggel，*Geschichte Chinas im 20. Jahrhundert*，Stuttgart，1989，p. 117.

㊾ 震旦大学于 1903 年由法国耶稣会士建立，存在至 1952 年。

㊿ 中国的标准语言。

(51) 北京协和医学院 1906 年由美国和英国传教组织建立。1915 年起在洛克菲勒基金会及其中国医疗委员会的资助下，以霍普金斯大学为蓝本重新塑形，于 1921 年重新开学。目标是在中国培养医疗和自然科学人才。1951 年后在北京协和医学院校址上的是中国医学科学院。

(52) 日本 1940 年秋与德国同入三国联盟之后。

(53) 宋庆龄（1893—1981）属于著名的宋家，与美国在经济、政治和媒体上有紧密的联系。她是中华民国创立者孙中山的第二任妻子。1927 年后她站到共产党一边。1938 年她在香港建立了保卫中国同盟，后来的中国福利会。见 Weggel，1989，p. 66ff.

(54) 孟威廉手稿。

(55) Barbara Tuchman，*Sand gegen den Wind*：*Amerika und China 1911 - 1945*，Stuttgart，1973，p. 385.

(56) 第二次世界大战结束后，顾泰尔移居到德国的苏联占领区，在年轻的民主德国的卫生管理领域主管人事工作，后来被哈雷大学任命为病理学正教授。

(57) Laurence Schneider，*Biology and Revollution in Twentieth-Century Chnia*，Lanham，Md.，2003，p. 89ff.

(58) 2005 年 3 月在上海，关于孟威廉的一次谈话。

(59) 很可能是芦笙舞。女人跳舞，男人吹奏芦笙。

(60) 高粱酒。

(61) Tuchman，1973，p. 271ff.

(62) Simon Winchester，*The Man Who Loved China*，New York，2008，pp. 111 - 114.

(63) Anna Wang，王安娜，原名 Anneliese Martens，1907 - 1989.

(64) 1940. 6. 6 给艾琳（Irene）的信。

(65) 同上。

(66) 史沫特莱，美国记者，1892—1950。

㉒ 29.11.02 通知。

㉘ 中心医院。

㉙ Robert Rössle（1876—1956）是病理学家。

⑩ Tuchman，1973，p. 228.

⑪ 同上，p. 310。

⑫ Arno Lustiger，Schalom Libertad，Athenäum，Frankfurt a. M.，1989，p. 333.

⑬ Tuchman，1973，p. 373.

⑭ 1945.02.13 给艾琳的英文信。

⑮ 摘自 1945.4.17 从贵阳写给父母的信。

⑯ Winchester，2008，p. 202ff.

⑰ 隔离区里的生活，很多的文章、书籍和报道中都有记述，其中包括 Georg Armbrüster/Michael Kohlstrucj/Sonia Mühlberger，*Exil Shanghai 1938 - 1947*，Berlin，2000；Astrid Freyeisen，*Shanghai und die Politik des Dritten Reiches*，Würzburg，2000。

⑱ 1946.11.13 的信。

⑲ Kim Taylor，*Chinese Medicine in Early Communist China：A Medicine of Revolution* London；New York，2005.

⑳ Weggel，1989，p. 140.“解放上海”的照片，比如，安静地躺在马路上休息的士兵。一位中国人说，这些照片后来在教科书中也有。在国外，这些照片也有发表。其他地方“解放”的过程如何，不得而知。

㉛ 中国科学院在 1949 年 11 月 1 日成立，前身是中央研究院和北平研究院。

㉜ 谈家桢，1909—2008。

㉝ Olga Borissowna Lepeschinskaja，1871 - 1963.

㉞ Schneider，2003，p. 166ff.

㉟ 同上。

㊱ 张丽青。

㊲ Frank Dikötter，*Mao's Great Famine*，London；New York；Berlin；Sydney，2011.

㊳ Lonathan Spence，*Das Tor des Himmlischen Friedens*，München，1985，p. 345.

㊴ 胰岛素是一种肽激素，由两个通过二硫键连接的肽酮组成。首次隔离是在 1920 年，其一级结构在 1949/50 年由英国生化学家弗雷德里克·桑格（Frederick Sanger，生于 1918 年）破解。基于其在蛋白质结构上的

研究成就，特别是胰岛素，桑格于 1958 年获得诺贝尔奖。全球有多个研究小组致力于人工合成蛋白质胰岛素。

⑨ 2012 年 6 月《明镜周刊》（*Der Spiegel*）就报道了中国太空飞人在地球轨道以及深海潜艇壮观的演习。见 http://www.spiegel.de/wissenschaft/technik/rekord-fuer-chinas-tauchboot-jiaolong-waeren。

⑨ 毛泽东：《中国共产党在民族战争中的地位》（*The Role of the Chinese Communist Party in the National War*）。见《毛泽东选集》英文版，卷二，北京外语出版社，1967，第 209 页。

⑨ 《论语》第 38 章，Book 15，ch. XXXVIII，James Legge：*The Chinese Classics*，vol. 1，1966，p. 305。

⑨ Kam Louie, "Salvaging Confucian Education (1949-1983)," *Comparative Education*, vol. 20, no. 1, Chicago, 1984, pp. 27 - 37.

⑨ 西方媒体中所谓的墙报（中文里叫大字报），其作用是说明政治态度，包括对个别干部的公开批评。

⑨ 因中科院成立四十周年的庆典，孟威廉在 1989 年受邀去了中国，首次得知他从前的同事在"文革"中的一些个人命运。

⑨ "文革"中一直传唱的歌颂毛泽东的歌曲，歌词是："东方红，太阳升，中国出了个毛泽东，他为人民谋幸福，呼儿咳呀，他是人民的大救星。他为人民谋幸福，呼儿咳呀，他是人民的大救星。毛主席爱人民，他是我们的带路人。为了建设新中国，呼儿咳呀，领导我们向前进。为了建设新中国，呼儿咳呀，领导我们向前进。共产党，像太阳，照到哪里哪里亮。哪里有了共产党，呼儿咳呀，哪里人民得解放。哪里有了共产党，呼儿咳呀，哪里人民得解放。"

⑨ Hans Maria Globke（1893—1973）的职业生涯：普鲁士和帝国内政部行政律师，在纳粹德国和早期联邦德国，其个人职业连续性是标志性的。Globke 是纳粹时期纽伦堡种族法案的阐释者，1953 年后还任联邦德国总理阿登纳办公室的主任。见 Erika Schwarz, *Juden im Zeugenstand. Die Spur des Hans Globke im Gedächnis von Überlebenden der Schoa*, Berlin, 2009。

⑨ 外交部档案，AZ M 26/02 5882，"安全保密 000002"。

⑨ 外交部档案，AZ 141/02/5882 Ko. 2871。

⑩ 塞缪尔·拉波波特（Sammuel Mitja Rapoport, 1912—2004）出生在俄罗斯、奥地利边境，即今天的乌克兰。他的父母在 19 世纪 20 年代初带他移居到维也纳。拉波波特在维也纳读了中学和大学，一开始读化学，后

来转读医学。1933 年起他在医学化学研究所工作。他特别感兴趣的是生物化学。他的第一篇论文研究的就是生物化学分析。1937 年他获得奖学金而得以前往俄亥俄州的辛辛那提儿童医院研究基金会。在辛辛那提，他又完成了化学学位。1942 年起他独立领导了一个生理化学研究部门。他研究了水和电解质平衡与红细胞代谢。拉波波特从 1934 年起就是奥地利共产党的成员。在辛辛那提，他参加了美国共产党小组，在科研工作之外也积极参与政治。在美国还在与苏联共同抗击希特勒德国的年代，这没有什么问题。拉波波特甚至还获得了给予平民的美国最高荣誉证书，为表彰他在延长血液存储时间研究上的成就，很多士兵的生命因此而得救。冷战期间，麦卡锡（1908—1957）开始对共产党展开了斗争，拉波波特的家庭受到威胁。1950 年 7 月，拉波波特与妻子——她是1938 年从汉堡来到辛辛那提的医生，和三个孩子逃出美国，先到瑞士，然后到维也纳。作为著名的科学家，他又得以回到他 1937 年离开的医学化学研究所工作。因为美国的介入，他无法接受给予他的教授职位，维也纳医学系不敢对抗政治对学术的干预。最终他在 1952 年接受了民主德国首都柏林的洪堡大学的聘请。在那里，他建立了生理学和生物化学研究所。1962 年，他出版了教科书《医学生化学》。

⑩ 1966 年 12 月：病毒和微生物生化学。

参考文献

Armbrüster, Georg/Kohlstruck, Michael/Mühlberger, Sonia, *Exil Shanghai 1938 - 1947*, Berlin, 2000.

Benz, Wolfgang. *Das Exil der kleinen Leute*, München, 1991.

Berna, Yves. *Politische Aspekte der Flucht europäischer Juden nach China während des Zweiten Weltkriegs*, Franrfurt, 2011.

Craig, Gordon A. *Deutsche Geschichte 1866 - 1945*, München, 1980.

Freyeisen, Astrid. *Shanghai und die Politik des Dritten Reiches*, Würzburg, 2000.

Friedrichs Theodor. *Berlin, Shanghai, New York*, Nashville, 2007.

Goikhman, Izabella. *Juden in China: Diskurse und ihre Kontextualisierung*, Berlin, 2007.

Haffner, Sebastian. *Geschichte eines Deutschen*, Stuttgart, 2001.

Hochstadt, Steve. *Shanghai-Geschichten, die Jüdische Flucht nach China*, Berlin, 2007.

Klaus Hödl, "Jüdische Ärzte im Spannungsfeld zwischen nationaler Identität und wissenschaftlicher Akkulturation," *Medizin und Judentum*, vol. 4, 1998.

Institut für Asienkunde Hamburg, *Das grosse China-Lexikon*, Hamburg, 2003.

贵阳市政府新闻处:《贵阳国际卫生队》，中国国际出版社，2005。

Kaminski, Gerd. *General Luo genannt Langnase*, Vienna, 1993.

Malek, Roman. *Jews in China: from Kaifeng to Shanghai*, Sankt Augustin, 2000.

Middell, Eike. *Kunst und Literatur im Antifaschistischen Exil 1933 - 1945*, vol. 3, "Shanghai-eine Emifration am Rande", in *Exil in den USA*,

Leipzig，1983.

Reichert，Carl-Ludwig. *Lieber keinen Kompass als einen falschen*，*Würzburg-Wolfsgrub-Shanghai*，*Der Schriftsteller Max Mohr*，München，1997.

Gideon Reuveni/Brenner Michael，*Emanzipation durch Muskelkraft*，Göttingen，2006.

Schmidt，Werner. *Leben an Grenzen*，*Autobiobraphischer Bericht eines Mediziners aus dunkeler Zeit*，Frankfurt，2003.

Schneider，Laurence. *Biology and Revolution in Twentieth-Century China*，Lanham，Md 2003.

Spence，Jonathan D. *Das Tor des Himmlischen Friedens*，München，1985.

Spence，Jonathan D. *The Search for Modern China*，New York；London，1990.

Stuttmeier，Richard P. *Science*，*Technology and China's Drive for Modernization*，Hoover Institution Publication，1980，p. 223.

Tuchmann，Baebara. *Sand gegen den Wind*，*Amerika und China 1911 - 1945*，Stuttgart，1973.

Wasserstein，Bernhard. *Secret War in Shanghai*，London，1998.

Weggel，Oskar. *Geschichte Chinas im 20. Jahrhundert*，Stuttgart，1989.

Winchester，Simon. *The Man Who Loved China*，New York，2008.

孟威廉在中国发表的科学文章（1947—1966 年）

1) "Cholesterol in the Carr-Price Reaction for the Determination of Vitamin A"; Yang, E. F. Mann, W.; *Chinese Journal of Nutrition*, 2, 33, 1947.

2) "Metabolism of Citrinin. I. Determination of Free Citrinin in Blood"; Wang, Y., Ting, H. S. and Mann, W.; *Chinese Journal of Physiology*, 17, 259, 1950.

3) "Mechanism of Antibiontic Action of Citrinin. I. Effect in Vitro on the Respiration of Animal Tissues and Bacteria"; WangY., Mann, W., Wang Y. L., Hu, H. T. and Chia, C. W.; *Acta Physiologica Sinica*, 19, 106. 1953. （《橘霉素抗生作用指机构 I. 对于离体的动物组织和细菌呼吸的影响》，汪猷、孟威廉、王应睐、胡旭初、贾承武。《生理学报》1953 年）

4) "Mechanism of Antibiotic Action of Citrinin. II. Effect on Some Enzyme System"; Wang, Y., Mann, W., Wang, Y. L. and Chia, C. W.; *Acta Physionlogica Sinica*, 19, 117, 1953. 《橘霉素抗生作用指机构 II. 对某些酶系统的影响》，汪猷、孟威廉、王应睐、贾承武。《生理学报》1953 年）

5) "Some Observations on the Metabolism of Strptomyces Aureofaciens"; Mann, W., Wang, D. C., Chen, L. S., Chang, L. C. and Yang, Y. C.; *Acta Physiologica Sinica*, 19, 319, 1955. （《金霉素发酵过程中的代谢变化》，孟威廉、王大琛、程龙生、张丽青、杨渊珠。《生理学报》1955 年）

6) "Mechanism of Antibiotic Action of Aureomycin. I. Effect on the Respiration of Escherichia Coli". Wang, Y., Mann. W., Chen, L. S., Yang, Y. C. and Wang, D. C.; *Acta Physiogica Sinica*, 20, 255, 1956.

7) "Studieson Bacterial Cell-free Systems. I. A. Simple, Efficient Bacterial Mill and its Application to the Preparation of Some Cellfree Oxidase Systems from Escherichia Coli"; Wang, D. C. and Mann, W.; *Acta Physiologica Sinica*, 21, 80, 1957.

8) "Studies on Streptomycin-dependent Bacteria I: A Comparison of the Oxidative Metabolism of Streptomycin-dependent Escherichia Coli Grown in Presence and Absence of Dihydro-streptomycin". Wang, Y., Mann, W. and Chang, L. C.; *Acta Biochimica Sinica*, 1, 1, 1958. （《链霉素依赖性细菌的研究 I：成长在含有及不含链霉素的培养基内之大肠杆菌细胞氧化代谢的比较》，汪猷、孟威廉、张丽青。《生物化学学报》1958 年）

9) "Paper Electrophoresis of Proteins in Juice of Escherichia Coli"; Wang, D. C. and Mann, W.; *Sience Recourd*, *New Series*, 2, 258, 1958.

10) "Studies on Streptomycin-dependent Bacteria. UU. Some Metabolic Activities of Streptomycin Depengdent Escherichia Coli During Growth in Presence and Absence of Dihydrostreptomycin"; Chnag, L. C. and Mann, W.; *Acta Bionchimica Sinica*, 1, 224, 1958.

11) "The Mechanism of Antiniotic Action of Aureomycin. II. Effect on the Ammonia Assimilation in Eschericha Coli"; Mann, W. and Chen, L. S.; *Acta Bionchimeca Sinica*, 1, 278, 1958.

12) "Nucleic Acids and Protein Biosynthesis（Review）"; Wang, T. P. and Mann, W.; *Kexue Tongbao*, 117, 1960.

13) "Formation of Galactosidase by Disrupted Protoplasts of Escheichia Coli Strain K‑12"; Mann, W. and Chen, L. C.; *Acta Biochimica Sinica*, 3, 39, 1960.

14) "Effect of Substances Related to Nucleic Acis on the Incorporation of Glycine into Lissapol-treaed Spheroplasts of Escherichia Coli"; Tung Lin and Mann, W.; *Acta Biochimica et Biophysica Sinica*, 3, 312, 1963.

15) "Effect of Substances Related to Nucleic Acis on the Incorporation of C-glycine into Lissapol-treaed Spheroplasts of Escherichia Coli"; Tung Lin and Mann, W.; *Scientia Sinica*, XIV, 593, 1965.

16) "Incorporation of C-glycine into the Protein Fraction of a Cellfree System of Escherichia Coli in Absence of Protein Syvthesis"; Tung Lin and Mann, W.; *Acta Bionchimica et Biophysica Sinica*, 5, 125, 1965.

17）"Influence of Phospfate Ions on the Action of Purine and Pyrimidine Antimetabolites towards Enzyme Formation in Escherichia Coli"; Shen, S. H. and Mann, W. ; *Acta Bionchimica et Bionphysica Sinica*, 5, 134, 1965.

18）"The Formation of an Altered Alkaline Phosphatase by Escherichia Coli in the Presence of Thiouracil"; Shen, S. H. and Mann, W. ; *Kexue Tongnbao*, 17, 176, 1966.

19）"The Formation of an Altered Alkaline Phosphatese by Escherichia Coli in the Presence of Thiouracil"; Shen, S. H. and Mann, W. ; *Acta Bionchimica et Bionphysica Sinica*, 6, 42, 1966.

感谢

此书写成当然首先要感谢孟威廉博士本人，感谢他在好几年时间里不厌其烦地讲述他在中国的回忆。

在访谈和准备出版期间也得到了其夫人安娜·曼以及其外甥女海伦·布伦纳（Helen Brunner）博士和路易莎·布伦纳（Luisa Brunner）宝贵的支持，还有也曾亲历了流亡上海的 W. 迈克尔·布卢门撒尔（W. Michael Blumenthal）教授的帮助。对于安德烈亚·贝克尔（Andrea Becker）审阅初稿也要在此衷心感谢。

在上海的历史尘埃中找到的文物——露丝·迈耶和玛丽亚·弗里德伯格的护照①

　　1930 年代末到 1940 年代初，从欧洲中部有 20 000 个以犹太人为主的难民逃到上海，获得了庇护。这一被人长久遗忘的事实，近来至少被一些了解和研究这段历史的人记录了下来。幸存者的聚会和大量文章，细节和内容丰富的书籍，以及文献片形式的纪录影片，提供了佐证，并让后代得以了解德国历史的这一片段。然而马赛克碎片式的文物，仍向我们显示，被认为是包罗万象的图景，其实远远是不全面的。

　　2001 年 7 月，我得到了两块这类碎片。那时我带着 20 个医学院学生去杭州实习，途经上海正值周末，发现了这两份文物。在河南路附近，尘土飞扬中，一个出售破旧中国书本的街边摊上，我拿起了两本旧德国护照，显然是在灾难降临之际、及时安全逃离了德国的人留下的。这两本护照，我称之为护照一和护照二，清晰地反映了其所有者的个人命运，而这种命运也是无数类似命运的代表，他们走过相似的路途，得以出逃，在开初的几年里，尚有可能带着一些财物，甚至整套的诊所设备，至少有一个从德国逃出的医生因

---

① Paul U. Unschuld，*Funde im Staub der Geschichte Shanghais：Die Reisepaesse der Ruth Meyer und der Maria Friedberg*，*DCG Mitteilungsblatt 45*（2/2002）.

露丝的护照封面和首页

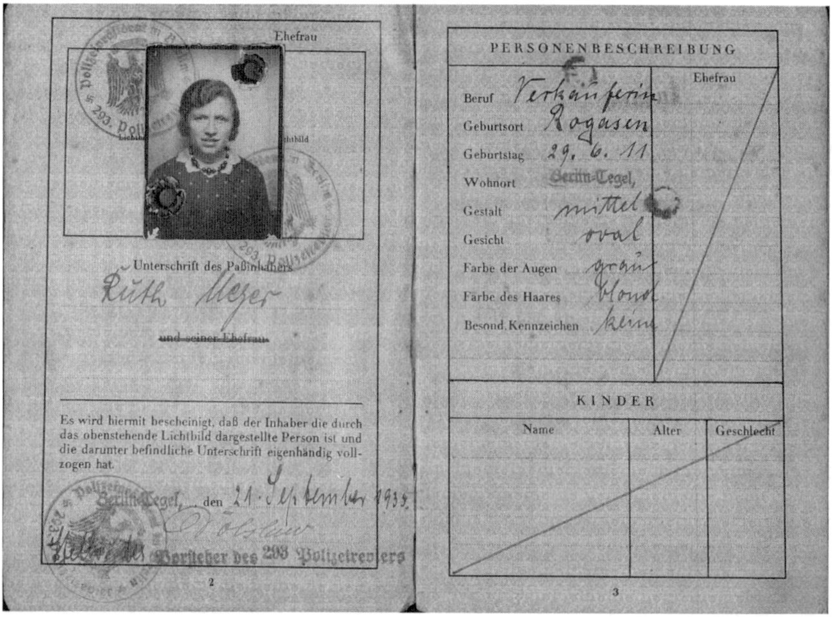
Ehefrau
Unterschrift des Paßinhabers
Ruth Meyer
und seiner Ehefrau
Es wird hiermit bescheinigt, daß der Inhaber die durch das obenstehende Lichtbild dargestellte Person ist und die darunter befindliche Unterschrift eigenhändig vollzogen hat.
Berlin-Tegel, den 21. September 1933
Vorsteher des 293 Polizeireviers
2
PERSONENBESCHREIBUNG
Ehefrau
Beruf Verkäuferin
Geburtsort Rogasen
Geburtstag 29. 6. 11
Wohnort Berlin-Tegel,
Gestalt mittel
Gesicht oval
Farbe der Augen grau
Farbe des Haares blond
Besond. Kennzeichen keine
KINDER
Name
Alter
Geschlecht
3

第 2 页和第 3 页

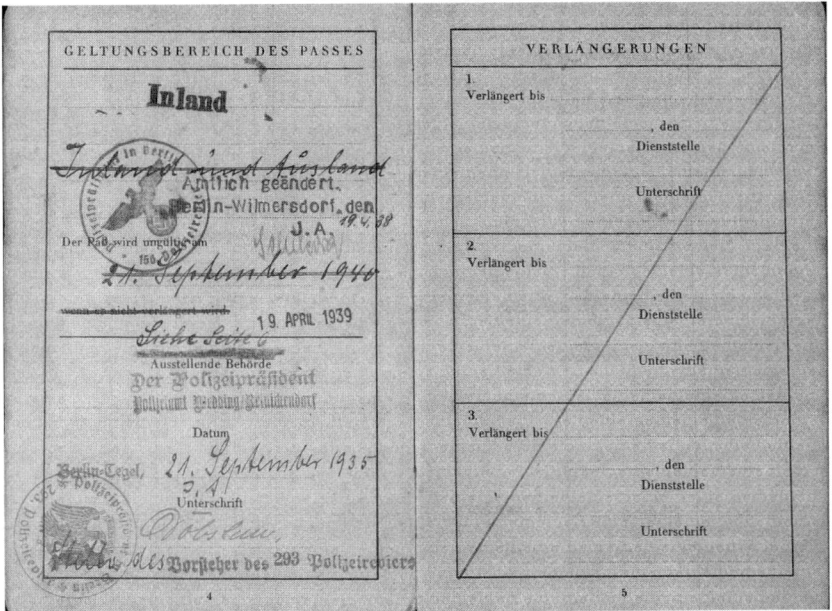

第 4 页和第 5 页

此得以比较容易地在上海立足。与他不得不放弃在德国的财产相比，这就是九牛一毛，更不用说故土和情感。

为什么是上海？怎么才到达的上海？最近由 Geog Armbüster，Michael Kohlstruck，Sonia Mühlberger 出版的 *Exil Shanghai 1938 - 1947 Jüdisches Leben in der Emigration*（《1938 到 1947 年间流亡上海的犹太人生活》，Hentrich& Hentrich 出版社，2000 年，Teetz）中史蒂夫·霍克施塔特（Steve Hochstadt）的文章《逃往未知世界：犹太人流亡上海》（"Flug ins Ungewiss：Die Judische Emigration nach Shanghai"，第 27 到 34 页）做了说明。这里就不复述了。这两本护照中的内容，让读得懂的人看到，其中清楚地记录了她们所经路线。两位女士的路途，也是那个时候很多人走过的。

护照一 1935 年 9 月 21 日签署生效，发给售货员露丝·迈耶（Ruth Meyer），她于 1911 年 6 月 26 日出生于 Rogasen（波森 [Posen] 以北的一个小城），住在柏林泰戈尔区。第 1 页上，左边帝国鹰边上有一个红色大写字母 J（J 是 Juden 的缩写，意思是犹太人——译者注）的图章，旁边还有手写的 21. 10. 38.（1938 年 10 月 21 日）。从护照第 3 页描述护照持有者的特征中，我们看到，露丝·迈耶是金发，无其他特征。她的护照有效区域包括国内和国外，有效期五年，至 1943 年 9 月 21 日止。然而 1938 年 4 月 19 日标注（第 4 页），有效区域限于国内。6 月 25 日的新标注又将有效区域扩大至国内和国外，但将有效期限制到 1939 年 7 月 26 日。

在此显示出的干巴巴的数字，那时却是露丝·迈耶从通向死亡之路的危险中得以逃脱的现实。1939 年 1 月 24 日（第 7 页）记录此日乘火车从 Brenner（意大利布伦纳山口，是奥地利与意大利边

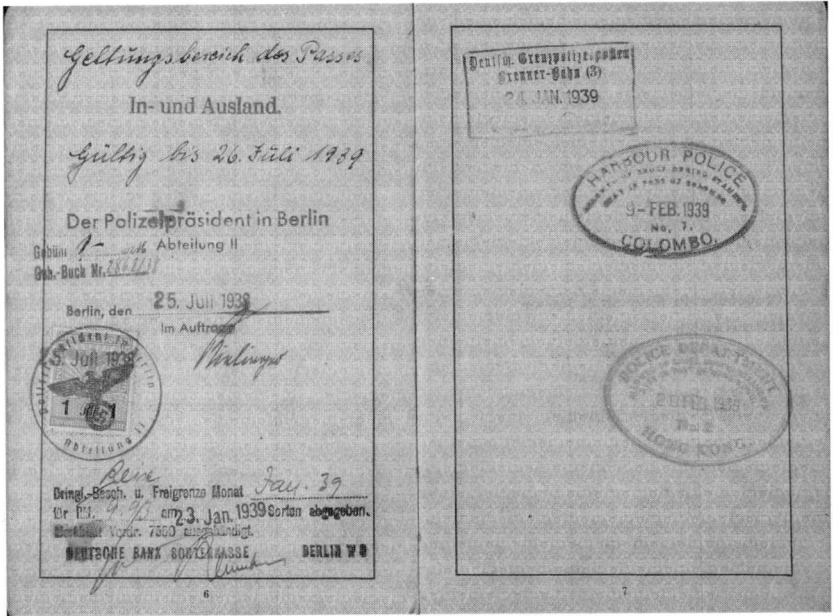

第 6 页和第 7 页

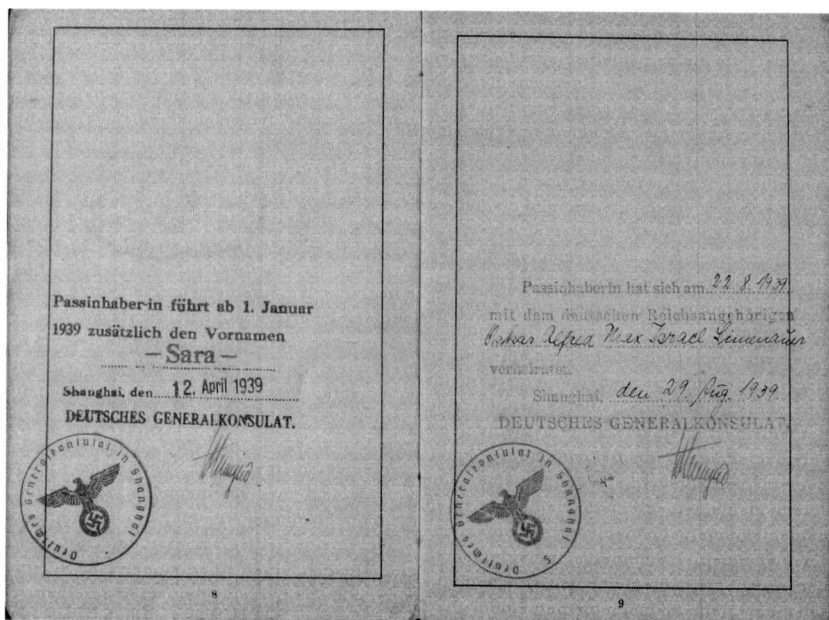

Passinhaber-in führt ab 1. Januar
1939 zusätzlich den Vornamen
— Sara —
Shanghai, den 12. April 1939
DEUTSCHES GENERALKONSULAT.

Passinhaberin hat sich am 22.8.1939
mit dem deutschen Reichsangehörigen
Oskar Alfred Max Israel Grunauer
verheiratet.
Shanghai, den 29. Aug. 1939
DEUTSCHES GENERALKONSULAT.

第8页和第9页

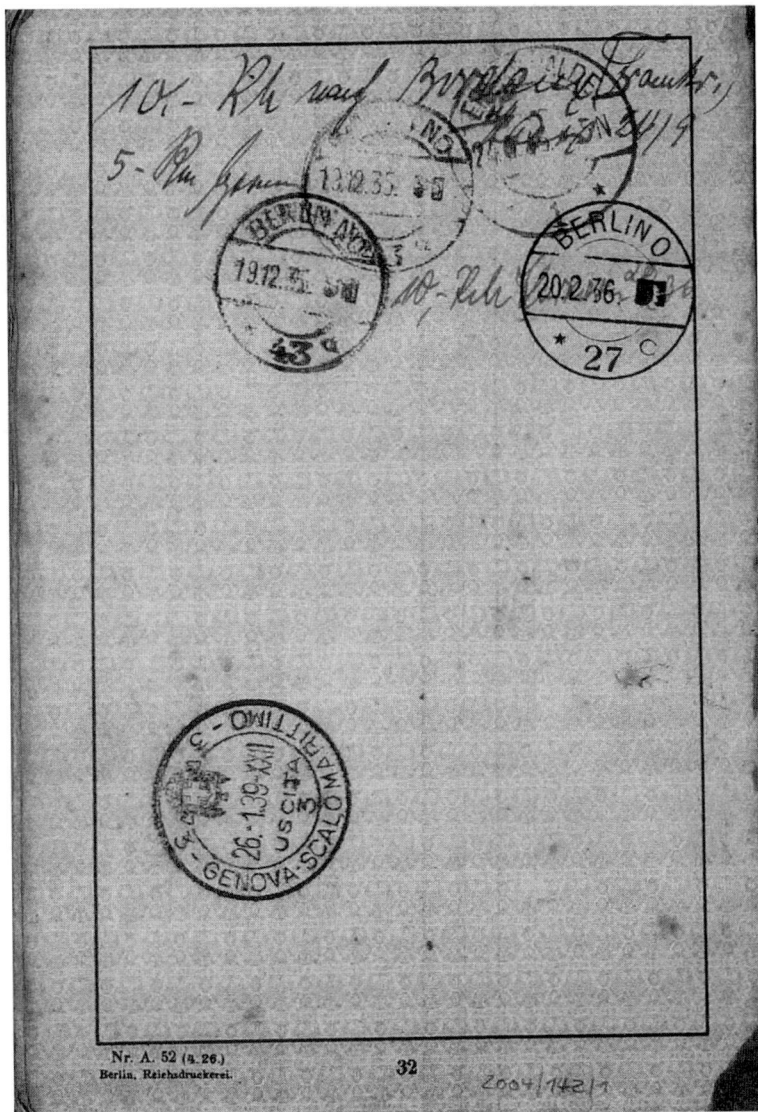

第32页

境——译者注）离开德意志帝国去意大利。从那里露丝·迈耶的护照上又敲了一个图章（第 32 页），说明两天后，就是 1939 年 1 月26 日她上了船，后来 2 月 9 日到科伦坡（第 7 页）又敲了一个章，接着就是 2 月 20 日到香港（第 7 页）。她什么时候到达了上海，却没有在护照上留下记录。

　　接下来两个记录是上海的，1939 年 4 月 12 日，由德国总领事馆给 Ruth Meyer 这个名字中间加上了 Sara（Sara 是一个典型的犹太女性的名字——译者注）——在第 8 页上，这是当时所有德国护照上犹太女子姓名中都一律强行加上的。这一页上的登记如下："护照所有人从 1939 年 1 月 1 日起加上附加名 Sara。"对于在上海的难民来说，有很多原因必须要去拜访总领馆。露丝·迈耶出于什么原因去的，我们不得而知。有可能她是想与另一个犹太人结婚，要得到官方认可。后来 1939 年 8 月 29 日的护照上最后一个登记是"护照持有者在 1939 年 8 月 22 日与德意志帝国公民 Oskar Alfred Max Israel Simenauer（这个名字里第二个中间名 Israel 即以色列，显示此人是犹太人——译者注）结婚"（第 9 页）。护照于 1939 年 7 月 26 日就失效了。有可能就是因为上海的特殊条件，总领事馆才在失效的护照上登记了正式的信息。露丝·迈耶与自己潜在屠杀者的派出外交机构有没有更多来往，我们就不知道了。1941 年 11 月25 日制定、1942 年 1 月 1 日起生效的法令，取消了所有在外国生活的犹太人的德国国籍。露丝·迈耶的护照没有延长。（见《德意志帝国的魔爪：上海的难民被剥夺国籍》，Christiane Hoss，*Der lange Arm des Deutschen Reiches：Zu den Ausbuergerungen von Emiggrantinnen und Emigranten in Shanghai*；《逃亡上海》，*Exil Shanghai*，2000，第 165 - 181 页，出版者 Armsbruester et al. 。）她在上海逗留期间最后的官方记录，见于日本驻外警察 1944 年夏对提篮桥（Dee Lay Jao）区 14 800 个外国人所登记户口中（Armsbruester et al. 出版的书所附 CD）。其中既有露丝，也有 Oskar Simenauer，住在 Point 路，即周家嘴路 783/30。

露丝·迈耶来上海的路线，是典型的出德国到地中海边上船，往上海。一张船票足以作为证明，以获得离境许可，当然，之前办了一大堆手续，既剥夺尊严也剥夺了财产。尚有少数几个已关进集中营者，还得以被放出来离开帝国国境，前提是由亲戚或其他什么人帮他们买了到上海的昂贵船票。1940 年 6 月意大利参战后，这条路线就不可能了。这就有了第二条路线，当然困难程度就大得多。我们的第二本护照就是记录了这条逃亡路线的文本。尽管纳粹无法对其原国民再施以暴行，然而逃亡者却有不少人因气候不适应加上不卫生的居住环境而罹患疾病丧生。再加上日本占领者，特别是 1941 年珍珠港事变后占领了全上海后任意妄为，还有 1945 年 7 月 7 日美国人轰炸位于犹太人隔都里的日本电台，也造成了犹太难民以及当地中国人的死难。

第二本护照是 1939 年 7 月 20 日在法兰克福签发给玛丽亚·弗里德伯格（Maria Julianne Friedberg）的，婚前姓莫尔（Mauer），1893 年 7 月 19 日生于法兰克福，居住地法兰克福。Maria 是基督教的名字，可以看出她来自基督教家庭，与犹太人弗里德伯格（Friedberg）结婚。她的头发被描写为深棕色，没有什么其他特别标志。显然她在 1939 年决定逃亡，很可能与丈夫一起，这从护照本身看不出来。1939 年 7 月 20 日，她拿到由法兰克福警察局长签署的护照，上面还注明"离境去往上海，或者巴西"（第 7 页）。不久之后，1939 年 8 月 10 日，她在马赛获得了中华民国在那儿的领

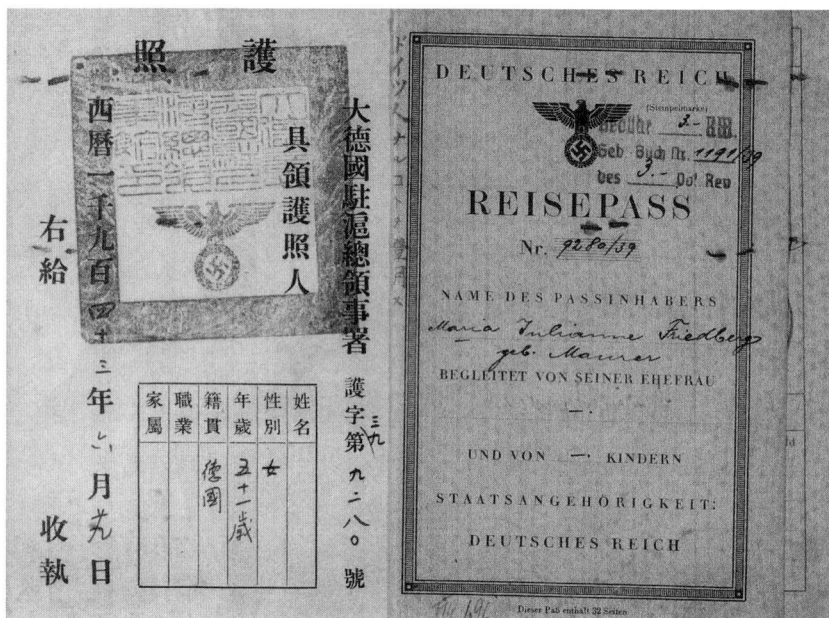

玛丽亚的护照封面内页和首页

第2页和第3页

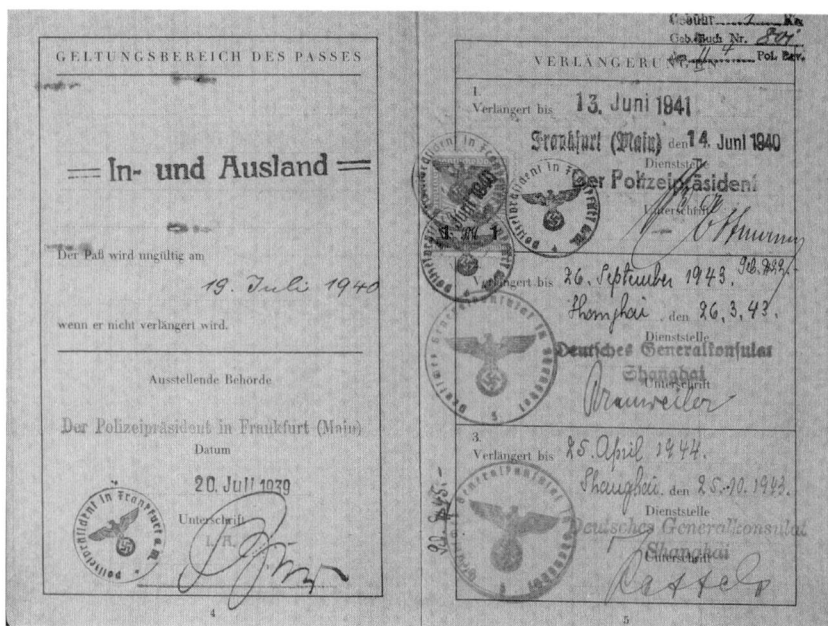

第 4 页和第 5 页

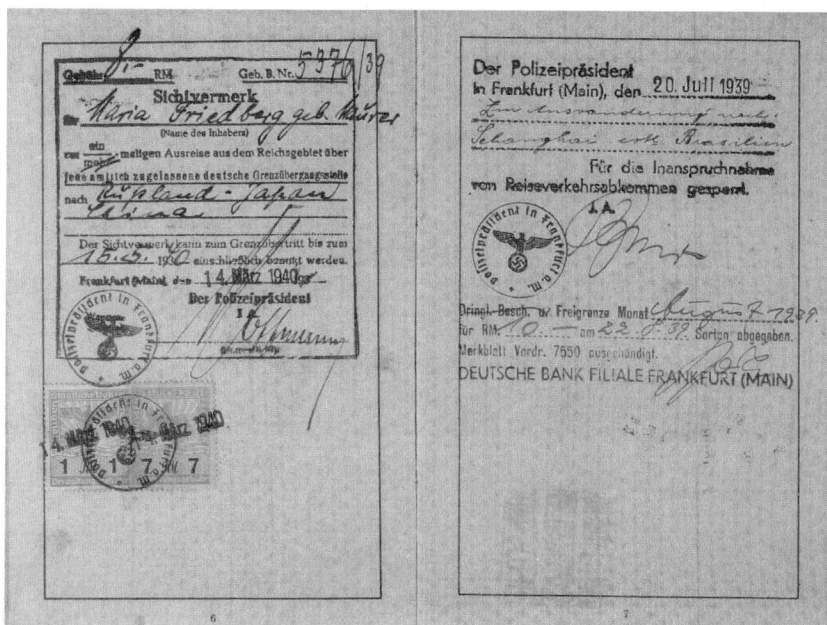

第 6 页和第 7 页

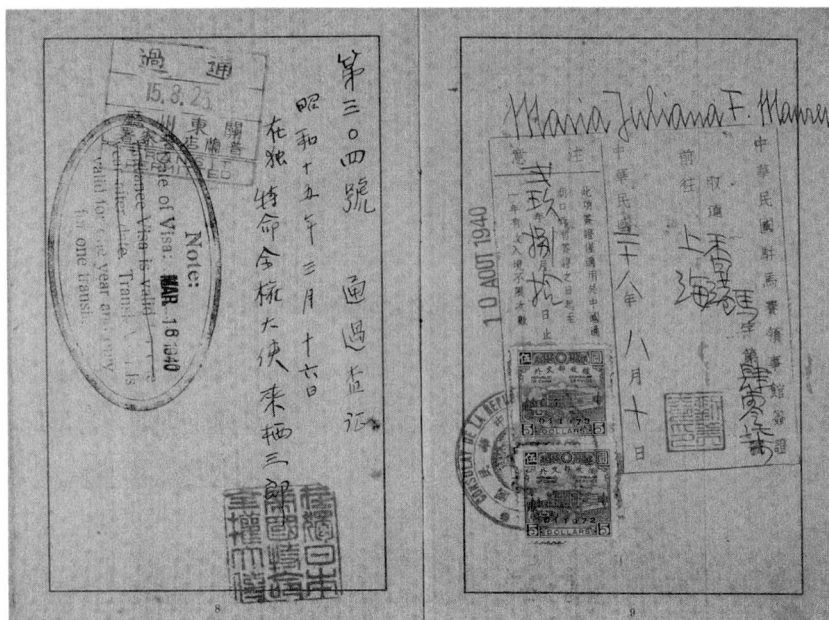

第8页和第9页

事馆签发的一年有效期、经过香港在上海入境的签证（第9页）。玛丽亚·弗里德伯格是否自己换了10个帝国马克，这是一个月内能得到的最高外汇额（第7页）。为什么她没有走计划好的从地中出发的海路，我们只能猜测：1939年9月1日开战了。

　　半年之后，从护照上看出，玛丽亚·弗里德伯格从危险中逃离，走的是另一条路：法兰克福警察局长于1940年3月14日允许她以中国为目的地，经过俄罗斯和日本，在1940年5月15日前离开德国（第6页）。也就是说，玛丽亚·弗里德伯格有两个月时间办理各种必需的手续。从护照第8页上看到，两天之后她获得日本的一年有效签证，可以一次性过境日本占领的中国东北地区。手写的日文"过境签证第304号"，由"驻德国特命全权领事来栖三郎（Kurusu Saburo）"签发，还加盖了日本天皇的图章。四天之后，1940年3月20日，她又获得了伪满洲国驻德国公使馆的过境签证，有效期6个月，最长停留时间10天（第11页）。

　　1940年6月，已经显然可见护照的有效期7月19日肯定不够。护照因此延长到了1941年6月13日（第5页）。同一天，玛丽亚·弗里德伯格还得到了从戈尼斯堡机场边境站前往俄罗斯的出境许可（第10页）。1940年8月2日，玛丽亚·弗里德伯格获得苏联过境签证（第13页）。1940年8月5日获得柏林警察局再次确认可以通过戈尼斯堡机场边境站（第12页）。这一天又换了每月最高额度外汇，就是从"柏林的汉堡美国航线旅游公司支付处"（门牌号码无法辨认）取到10个帝国马克的等值外汇，由德意志银行登记在护照第12页上。1940年8月9日，戈尼斯堡机场的"护照检查站"在她的护照上登记了出境（第10页）。

　　后面的各站有莫斯科（1940年8月10日，第14页），"满洲国"（入境 1940 年 8 月 18 日，滞留至 1940 年 8 月 20 日，第 14 页），哈尔滨（1940 年 8 月 24 日，第 11 页），以及日占关东区（1940 年 8 月 25 日过境，第 8 页）。护照上没有记录在上海的入境。她的护照第 1 页上有竖写的日文加盖印章，没有日期，注有"我确认，她来自德国"，这种登记当年在上海的非犹太德国人护照上也有，他们不是难民，而是早就住在上海的商人或者医生。

玛丽亚·弗里德伯格在 1943 年 3 月 26 日将早已过期的护照在德国驻沪总领事馆做确认（第 5 页）。这次的登记证明，从柏林出来的难民，其护照有效期只有六个月，即到 1940 年 9 月 26 日为止。德意志帝国的国民不属于难民的话，同样时间段里护照获得的有效期是一年。1943 年 6 月 29 日德国驻沪总领馆在玛丽亚·弗里德伯格护照封面内页贴了一张印刷的中文纸，内容证明护照所有人：女，51 岁，德国人。这张纸上加盖了红印章，上面是中文篆字德国总领事馆和帝国鹰加上围着花边的纳粹十字符号，证明其为官方开具。同年 10 月 25 日这本护照重新又延长了半年，即有效期至 1944 年 4 月 25 日（第 5 页）。

这一年日本占领当局涉外警察制作的名单里，玛丽亚·弗里德伯格也列在其中，住在铜山路 818/34。同一处住址里还登记着"商人"西格里德·弗里德伯格（Siegried Friedberg），50 岁。街道名称前面的数字虽然不大清楚，但与玛丽亚·弗里德伯格的应该是一样的，因此可以判断弗里德伯格夫妇共同住在此地。德国总领馆施加了很大压力给犹太难民的非犹太配偶，要他们离婚。同意离婚者被总领馆承诺给予很多帮助。他们因此可以不必住在日本人在 1943 年 2 月在虹口划出的无国籍隔都区。玛丽亚·弗里德伯格并没有屈服于这一施压。她护照上最后一个记录，是在 1945 年 9 月 2 日日

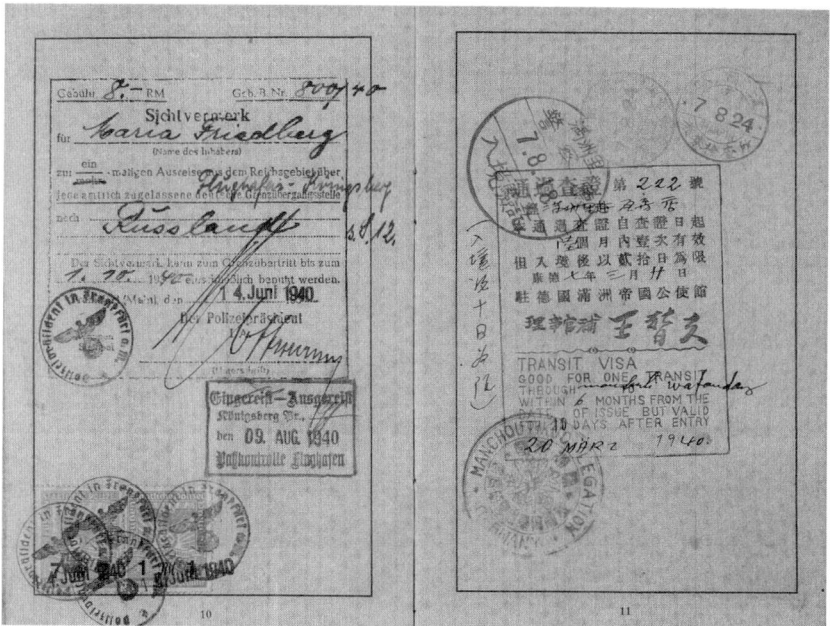

第 10 页和第 11 页

第 12 页和第 13 页

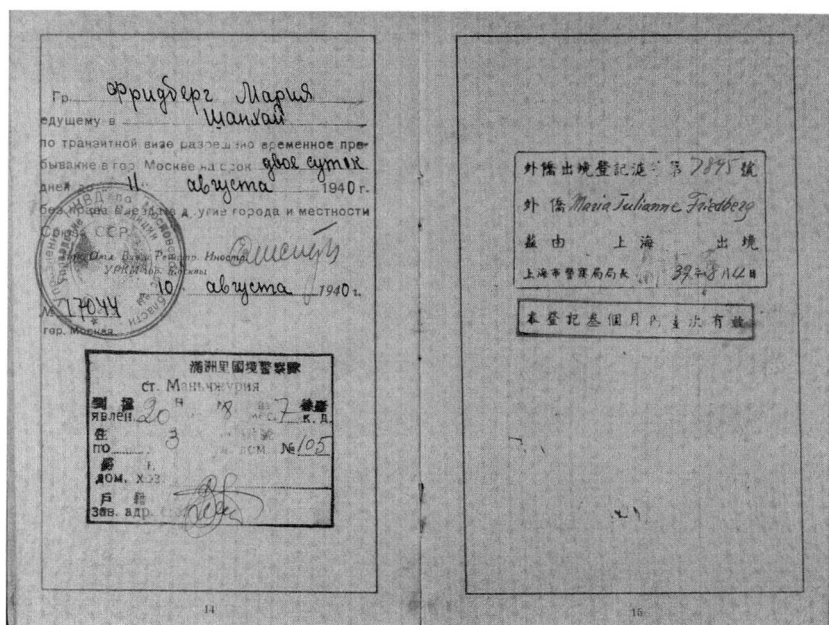

第 14 页和第 15 页

本投降后掌管出境手续的中国上海警察局外国人管理处签署的，1948 年 8 月 4 日起，三个月内出境的许可（第 15 页）。

从法兰克福市被纳粹迫害者的档案中，可以查到玛丽亚·弗里德伯格在 1948 年乘坐法国船"商博良"（*Champollion*）号回欧洲途中感染伤寒，在马赛住进医院治疗。1949 年 3 月 13 日她才回到法兰克福，与丈夫在一起，与战前一样，重新经营一家食品店。玛丽亚·弗里德伯格在 1966 年 5 月 26 日去世。她丈夫比她活得长。

Ruth Simenauer（即露丝·迈耶）战后离开了上海；我在 2001 年 10 月打电话到纽约找到了她，并与她对话。这时她已病重，她请求我，在她死后再发表这篇文章。她于 2002 年 4 月 1 日去世。她的丈夫是画家，曾经与马克斯·利伯曼（Max Liebermann，著名的德国印象派画家——译者注）通信交流，早在 1976 年已经过世。

这两本护照，从战后至今日，经过了什么样的路途，于 2001 年出现在上海的旧货市场，我们不得而知。有几个回来的难民，在相信自己永远也不再需要他们的护照后，就把护照扔掉了。还有很多人精心保存着这些见证了他们从德国到上海求生存的证件。Ruth Simenauer 已经不记得丢失了这本护照。有些内页里登记内容类似的护照，仍然在私人手中或者在收集者手中。Ruth Simenauer 和玛丽亚·弗里德伯格的护照肯定不是仅存的。但是这两本护照仍然以其内容的翔实、互为印证，展现给我们两条经典的通往上海的逃亡之路，这种实证是以前求之不得的。事实上，这两本护照几乎是很多人逃亡上海命运的范本。

感谢索尼娅·弗里德伯格（Sonja Friedberg），拉尔夫·B. 赫希（Ralph B. Hirsch, Council of the Jewish Experience in Shanghai,

上海犹太人经历理事会），史蒂夫·霍克施以及法兰克福城市史研究所提供的帮助，使我得以联系到 Ruth Simenauer，得知玛丽亚·弗里德伯格的战后情况。

犹太难民逃往上海的两条线路

曾经有 2 万犹太人把上海当作避难之地。

1933 年初希特勒纳粹上台后，就对犹太人开始了迫害，从肆无忌惮的歧视开始，到立法把他们打入另册，到掠夺他们的财产，直至消灭他们的肉体。犹太人想要逃出德国，却只有少数人被邻国接纳，瑞士甚至将已经逃过去的犹太人送回纳粹德国；连那些移民国家如美国、澳大利亚，也只给出很少的签证，因为有每年的移民人数限制。到了 1938 年，四处碰壁、走投无路的犹太人，开始大批去上海，这个当年世界上唯一不需要签证就可以去的地方！

那个不要签证的上海，是上海的公共租界。从抵达上海港码头的外国轮船上下来，只需要登记个人信息，不需要居留许可，不要交入境费用，连财产证明都不需要。因此，奥地利、德国以及一些东欧犹太逃亡者，多数从意大利的热那亚乘船，或者从意大利的的里雅斯特港上船，去往上海。船公司大赚其钱：要买到救命的船票，就要拿出 1000 美元，当年这可是天价！

1938 年 11 月的"打砸抢之夜"后，万湖会议做出了对犹太人实行集中营大屠杀的计划，这是一个赶尽——杀绝的过程。在此要说明一下"水晶之夜"——1938 年 11 月 9 日到 10 日，纳粹党员和党卫队，对德国和奥地利的犹太人商店以及犹太教堂、犹太墓地进行了大规模的打砸抢，当天就杀死了至少几百人，还逮捕了 3 万犹太人。用"水晶之夜"来命名，据说源于砸碎了的橱窗玻璃闪亮如水晶，完全给人以误导，掩盖了纳粹的残暴，给国际社会的舆论以无害的印象。但是，从这一夜起，犹太人完全放弃了对德国人理性文明的幻想，明白了唯一的生路就是逃亡，"打砸抢"就是"赶尽"的标志！

从把犹太人全都驱赶至国外，到 1941 年秋天犹太人被禁止移民，这期间就是犹太人逃亡的集中时段。

这时，犹太人要满足极为苛刻的条件——诸如用几乎赠送的价格贱卖财产，非常复杂的手续——获取了各个机构的许可图章，才能申请到护照。护照上标明六个月之内离境，超过期限就失效。当犹太人奔波于英国、美国、澳大利亚、瑞士等国家的使领馆之间，最后得到拒签消息后，六个月期限就所剩无几了。

1936 年 5 月，柏林 C.V 报就登载了一篇文章开始有关于上海作为逃亡地的建议，1937 年 9 月汉堡的《以色列家庭报》（*Israelische Familienblatt*），也登了类似文章。1938 年的 6 月和 11 月，柏林的发行量很大的《柏林犹太社区报》（*Gemeindeblatt der judischen Gemeide Berlin*）也发表了两篇建议犹太人移民去上海的文章。对一般人来说，中国的上海实在是太遥远、太陌生了。犹太人但凡能去英语国家，哪怕是西班牙语国家，都觉得文化相近。可是在走投无路时，只有上海才是逃生之地！

1938 年到 1939 年间到达上海的犹太难民最多，皆走海路，也就是从地中海经苏伊士运河入红海，进入印度洋到科伦坡，过马六甲海峡经新加坡到香港，最后到上海。这条海路，最晚在意大利参战后，就是 1940 年 6 月之后，就不能走了。之后，犹太难民不得不走更为艰难复杂的陆路。即乘火车经过苏联，到伪满洲国入境，继续乘火车过日占地区，最后到天津，再转海船到上海。这是到上海的犹太难民的第二条典型线路。

先说前一条路。船票实在太贵了！很多犹太人为了拿到护照，已经几乎用尽所有。而船公司此时对犹太人，只卖头等舱船票。很多人靠着在国内国外的亲戚朋友或者犹太援助组织的资助才得以买到救命的船票。

举一个例子：孟威廉就是从 1938 年底从热那亚上船，1939 年 1 月到达上海的。他因犹太人身份，在 1938 年 11 月，也就是"打砸抢之夜"后，被海德堡大学勒令退学的。在父亲帮助下，买到一张这样的高价票，因为父亲是精神科开业医生，尚有积蓄。上船后他将一等舱的餐券低价卖给船上服务生，换得了一些现金，不然他就只有国家允许他带出的 10 马克。这个不久后去贵阳图云关，参加红十字会救护总队，成了中国抗日队伍的一员的德国人，在上海获得了带着很强上海话音的中文姓氏——孟，用上海话念，正与德文 Mann 的读音一样。后来，他作为化学家在上海工作、生活了很多年，直到 1966 年"文革"开始，才离开中国。当然，与他同船来到上海的那些同胞，在 1947 到 1949 年就离开了上海，几乎都去了澳大利亚、巴勒斯坦、美国……

这条由海上到上海的路线，相对于陆路，是很简单的。1940 年后无法走海路到上海，只能走经过苏联的那条逃亡路线，签证就是最大的问题。过境签证要去好几个使领馆办理，甚至也不能因为目的地是不需要签证的上海，而被允许离开德国。理论上而言，船票上目的地明确是上海，不需要签证。但是一方面陆路途经多国，办理过境签证也得出示目的地签证。另一方面，纳粹对犹太人政策越来越严，特别是奥地利，没有签证就不能离境。此外，1938 到

1939 年间，有些已经被关到集中营的犹太人，若能出示某国签证，还是可以以尽速离境为前提被放出来。被很多犹太人感念一生的何凤山，作为奥地利被合并到德国（1938 年 3 月）之后的中华民国驻维也纳总领事，给很多奥地利犹太人签发了救命的中国签证，让他们得以逃生，其中很多就是从陆路去中国的。

坐火车经苏联到中国的路线，王安娜在《嫁给革命的中国》中就有回忆。王安娜与丈夫王炳南，作为"左派亲共分子"被纳粹追杀，1936 年及时逃出德国。他们坐火车经过苏联，穿越西伯利亚，经伪满洲国抵达中国，同车就有犹太人，一路也历经惊险。

不过，以文件档案形式对这两条欧洲到上海的路线印证的，还没有见过。

因此，文树德教授在上海寻得的两本旧德国护照就成了难得的历史文献。文教授（Prof. Paul Unschuld）是柏林夏里特医科大学中国生命科学理论、历史、伦理研究所所长。文先生多年前在上海旧书市场，搜寻到两本旧德国护照，分别是这两条逃亡线路的印证文件。为此，文教授多年前就撰文做了详细说明，发表在德中协会 *DCG Mitteilungsblatt 46*（2003 / 1）上。这两本护照，文先生早就捐献给了博物馆。

为翻译文先生夫人（Ulrike Unschuld）撰写的《有办法——孟威廉中国回忆（1938—1966）》一书，我和我先生王维江一起去拜访了在柏林的文先生夫妇二人。愉快的聊天中，文先生兴致盎然地说起 20 年前，在上海文庙旧书市场搜寻到两本德国护照的故事，能在破旧书籍和乱纸堆里找到这样的文件，算是淘到了宝物，也令我俩好生羡慕。

聊天中先生说起，他找了其中一本护照的主人——住在美国纽

约的 Ruth Simenauer，还与她通了电话。不过，电话里他听到风烛
残年的老太太的反应，却令他唏嘘不已。当文先生用德语自我介
绍，告知说找到了她的旧护照时，电话里传来老妇人颤颤巍巍的话
语："Schaden Sie mich bitte nicht（别伤害我）……"

　　拜访过后没几天，我就收到了文先生寄来的关于这两本护照的
文章，读来还真的是引人入胜。作为发生在上海的一段往事，翻译
在此，让更多人知道这个城市的别样经历。

吕澍